»DAS IST EIN STARKES STÜCK, HERR BUNDESKANZLER!«

Die Antrittsreden der SPD-Kanzler

OLAF SCHOLZ

GERHARD SCHRÖDER

HELMUT SCHMIDT

WILLY BRANDT

Mit einem Nachwort
von Stefan Aust

Hoffmann und Campe

1. Auflage 2022
Copyright © 2022 Hoffmann und Campe Verlag, Hamburg
www.hoffmann-und-campe.de
Umschlaggestaltung: Vivian Bencs © Hoffmann und Campe
Satz: Pinkuin Satz und Datentechnik, Berlin
Gesetzt aus der Dante
Druck und Bindung: GGP Media GmbH, Pößneck
Printed in Germany
ISBN 978-3-455-01432-7

HOFFMANN
UND CAMPE

Ein Unternehmen der
GANSKE VERLAGSGRUPPE

INHALT

Die Antrittsreden der SPD-Kanzler

ZWISCHEN WUNSCH UND WIRKLICHKEIT
Die Regierungserklärungen der
Sozialdemokraten

OLAF SCHOLZ

(2021–)

Ergebnis der Bundestagswahl vom 26. September 2021:

SPD: 25,7 %, 206 Sitze
CDU / CSU: 24,1 %, 197 Sitze
Grüne: 14,8 %, 118 Sitze
FDP: 11,5 %, 92 Sitze
AfD: 10,3 %, 83 Sitze
Linke: 4,9 %, 39 Sitze
SSW: 0,1 %, 1 Sitz

Das Ergebnis der Bundestagswahl 2021 kam unerwartet: Die SPD steigerte ihr Ergebnis im Vergleich zu 2017 um fünf Prozent, wurde stärkste Fraktion und konnte mit Olaf Scholz nach sechzehn Jahren Angela Merkel wieder den Bundeskanzler stellen. Lange waren Union und Grüne in den Umfragen vorne gesehen worden, der SPD, deren Werte lange bei 15 Prozent gelegen hatten, gelang ab dem Sommer jedoch ein spektakulärer Höhenflug. Dabei erschien die Startposition nicht günstig, unterlag Olaf Scholz doch 2019 noch im Mitgliedervotum um den Parteivorsitz. Aber auch die Union tat sich schwer, das Gerangel um die Kanzlerkandidatur, das letztlich Armin Laschet für sich entscheiden konnte, ließ die Umfragewerte sinken. Auch die Grünen stürzten von zwischenzeitlich über 25 Prozent am Tag der Wahl ab, fuhren aber dennoch das beste Ergebnis ihrer Geschichte ein. Die Linke scheiterte an der Fünf-Prozent-Hürde, konnte aber über die Erringung von drei Direktmandaten in den Bundestag einziehen. Auch die Vertretung der dänischen Minderheit SSW, die sich erstmals seit 1961 wieder zur Bundestagswahl stellte, konnte einen Sitz ergattern, da sie von der Fünf-Prozent-Hürde befreit ist.

Gemeinsam mit der FDP und den Grünen stellt die SPD nun erstmals eine sogenannte Ampelkoalition. Die Übergabe der Amtsgeschäfte erfolgte in schwierigen, von einem Höchststand der Coronazahlen gezeichneten Zeiten.

Regierungserklärung von Bundeskanzler Olaf Scholz vor dem Deutschen Bundestag in Berlin am 15. Dezember 2021

Frau Präsidentin! Verehrte Abgeordnete! Meine Damen und Herren! Bei der Bundestagswahl am 26. September hat sich die Mehrheit der Bürgerinnen und Bürger unseres Landes für Aufbruch und Fortschritt entschieden.

(Lachen bei der AfD)

Der Aufbruch soll gelingen, während noch die Corona-Pandemie unsere ganze Aufmerksamkeit und Kraft erfordert. Aber umso wichtiger ist es, jetzt nicht zu zögern. Es gibt viel zu tun.

(Zuruf von der AfD: Jawohl!)

Vor uns liegen große Aufgaben und entscheidende Weichenstellungen – Weichenstellungen, die wir jetzt vornehmen, weil wir jetzt den richtigen Kurs in die Zukunft einschlagen müssen. Wir haben keine Zeit zu verlieren.

(Beifall bei den Regierungsparteien)

Meine Damen und Herren, das gilt zuallererst für den Kampf gegen die Corona-Pandemie. Die neue Bundesregierung übernimmt den Staffelstab in außergewöhnlich bedrückenden Wochen. Dezember – das bedeutet ohnehin die dunkelsten und kürzesten Tage des Jahres. Das schlägt aufs Gemüt. Aber Dezember bedeutet sonst immer auch Adventszeit. Das ist die Zeit, in der wir normalerweise stimmungsvolle Weihnachtsmärkte erleben, gemütliche Stunden mit Familie, Freunden und Bekannten am Glühweinstand, gesellige Weihnachtsfeiern im Kreis von Kollegen und Vereinskameraden. In diesem Jahr ist das anders – jetzt schon zum zweiten Mal.

Die Bürgerinnen und Bürger verfolgen Abend für Abend auf ihren Bildschirmen die Entwicklung der Corona-Pandemie: viel zu hohe Infektionsraten, erschöpfte Ärztinnen und Krankenpfleger, dramatische Verlegungen von Intensivpatienten per Flugzeug und Hubschrauber, Schlangen vor Impfzentren, die Sorge vor der neuesten Variante des Virus.

Mir ist bewusst: In diesen Tagen fällt es manchmal schwer, den Mut nicht zu verlieren. Ich weiß, dass Abstand halten und glücklich sein sehr schlecht zusammenpassen, dass viele unter Einsamkeit leiden, dass endlich mal damit Schluss sein müsste, dass das Leben und die Unbeschwertheit wieder losgehen müssen.

Niemandem geht es richtig gut in diesen Zeiten – mir nicht, Ihnen nicht, den Bürgerinnen und Bürgern nicht. Und viele fragen sich: Geht das jetzt immer so weiter, oder wird es wieder besser? Heute sage ich den Bürgerinnen und Bürgern unseres Landes: Ja, es wird wieder besser. Ja, wir werden den Kampf gegen diese Pandemie mit der größten Entschlossenheit führen. Und ja, wir werden diesen Kampf gewinnen. Wir werden die Krise überwinden.

(Beifall bei den Regierungsparteien)

Die Lage ist schwer, aber die Lösung liegt auf der Hand. Nach 20 Monaten Pandemie wissen wir längst: Das Virus mag viele Kontakte und verbreitet sich darüber rasend schnell. Darum war das oberste Gebot im letzten langen Winter, Kontakte zu reduzieren. In diesem Winter sind wir etwas weiter. Jeder kann und sollte sich regelmäßig testen. Wir alle sollten unsere Kontakte weiter behutsam einschränken. Aber am allerwichtigsten ist: Jeder kann und sollte sich impfen lassen. Darum geht es mir. Deshalb habe ich uns Ende November ein ehrgeiziges Zwischenziel gesetzt: Ich möchte, dass wir alle zusammen in Deutschland 30 Millionen Impfdosen bis Jahresende in die Oberarme kriegen, als erste Impfung, als zweite Impfung und als Booster-Impfung.

(Beifall bei den Regierungsparteien – Zuruf von der AfD)

So kriegen wir es hin, die vierte Welle hinter uns zu lassen.

(Zuruf von der AfD: Na Donnerwetter!)

Heute kann ich sagen: Wir haben bereits 19 Millionen Impfungen erreicht. Wir sind auf dem richtigen Weg. Wenn wir mit aller Kraft weitermachen, werden wir die 30 Millionen bis Jahresende auch erreichen. Meine dringende Bitte ist: Liebe Bürgerinnen und Bürger, machen Sie alle mit! Dann schaffen wir die 30 Millionen, und dann sind wir am Ende dieses Monats diesen einen entscheidenden Schritt vorangekommen.

(Beifall bei den Regierungsparteien)

Es ist mir wichtig, dass wir es weiter gemeinsam angehen, dass wir uns weiter unterhaken und so Corona besiegen.

*(Norbert Kleinwächter [AfD]: Also, von »gemeinsam«
kann da keine Rede sein!)*

Deshalb habe ich einen Krisenstab aufgebaut, der aus dem
Kanzleramt heraus jeden Tag neu die Lage bewertet und
auch handelt. Er wird von einem erfahrenen General geleitet. Und wir haben Experten zusammengerufen, die die
Regierung ständig beraten. Deshalb erhöhen wir die Kapazitäten der Impfzentren deutlich. Deshalb sind mobile
Teams in Stadt und Land unterwegs. Deshalb beziehen wir
jetzt auch Zahnarztpraxen und Apotheken mit ein. Deshalb sagen wir jetzt: Es ist sehr wichtig, dass alle dreifach
geimpft sind. Wir werden weiter impfen und noch mehr
boostern, um die Verbreitung des Virus zu erschweren.

Die Pandemie, die Epidemie ist global. Deshalb enga-
gieren wir uns international für Impfstoffe in den armen
Ländern. Und auch in Europa werden wir gemeinsam
handeln. Schon morgen werden wir uns im Europäischen
Rat intensiv mit der Coronalage in Europa beschäftigen.
Wir werden alles tun, was notwendig ist. Es gibt da für die
Bundesregierung keine roten Linien.

(Zuruf von der AfD: Hört! Hört!)

Die Bundesregierung wird nicht einen einzigen Augenblick ruhen, und wir werden jeden nur möglichen Hebel
bewegen, bis wir alle unser früheres Leben und alle unsere Freiheiten zurückbekommen haben.

(Beifall bei den Regierungsparteien)

Dass die notwendigen Maßnahmen eingeleitet werden, ist
meine Aufgabe. Dafür trage ich die Verantwortung, und
das hat meine oberste Priorität. Darum hier nochmals

meine inständige Bitte an Sie alle, an alle Bürgerinnen und Bürger: Helfen Sie mit, diese Aufgabe zu bewältigen! Helfen Sie uns allen, vermeidbares Leid zu verhindern! Lassen Sie sich impfen! Schützen Sie Ihr Leben und das Leben der anderen!

(Beifall bei den Regierungsparteien)

Zur Wahrheit dieser Pandemie gehört aber auch: Heute, im Dezember 2021, könnte jede und jeder Erwachsene in Deutschland längst zweifach geimpft sein. Mindestens alle besonders gefährdeten Bürgerinnen und Bürger könnten geboostert sein. Dann hätten wir die Pandemie jetzt im Griff. Dann würden wir alle jetzt mit unseren alten Freiheiten und unseren Familien und Freunden eine besinnliche Vorweihnachtszeit erleben. Die Kraft des wissenschaftlichen Fortschritts hätte uns genau das ermöglicht. Darum verstehe ich auch den Unmut vieler Bürgerinnen und Bürger. Das sind ja die, die in der Zeit der Pandemie immer vorsichtig gewesen sind, die alles richtig gemacht haben, die sich an alle Regeln gehalten haben, die doppelt und dreifach geimpft sind. Sie haben alles dafür getan, dass wir unser früheres Leben und unsere frühere Freiheit zurückbekommen.

(Zurufe von der AfD)

Ihnen allen danke ich im Namen der gesamten Bundesregierung von Herzen.

(Beifall bei den Regierungsparteien sowie bei Abgeordneten der CDU / CSU)

Und ich danke ausdrücklich auch den Bundesländern, ihren Ministerpräsidentinnen und Ministerpräsidenten für die enge und vertrauensvolle Zusammenarbeit in dieser schwierigen Zeit.

Allen verspreche ich: Diese Bundesregierung wird immer fest an Ihrer Seite stehen. Sie wird immer an der Seite derjenigen in unserem Land stehen, die sich solidarisch verhalten, an der Seite derjenigen, die mit ihrer Vorsicht und ihrer Rücksichtnahme den Zusammenhalt unserer Gesellschaft möglich machen.

Aber was es eben heute in Deutschland auch gibt, das ist Wirklichkeitsverleugnung, das sind absurde Verschwörungsgeschichten, mutwillige Desinformation und gewaltbereiter Extremismus. Um es klar zu sagen: Eine kleine extremistische Minderheit in unserem Land hat sich von unserer Gesellschaft, unserer Demokratie, unserem Gemeinwesen und unserem Staat abgewandt, nicht nur von Wissenschaft, Rationalität und Vernunft.

Für die gesamte Bundesregierung sage ich: Wir haben Respekt vor ernstgemeinten Einwänden. Wir hören zu. Wir suchen die Debatte. Wir sind offen für Kritik und Widerspruch.

(Lachen bei der AfD)

Wir geben auch den Versuch nicht auf, bislang noch Zurückhaltende davon zu überzeugen, dass sie sich doch impfen lassen – mit der Kraft der Fakten, der Kraft der Vernunft oder der Kraft des besseren Arguments.

(Beifall bei den Regierungsparteien sowie bei Abgeordneten der CDU / CSU)

Aber genauso klar ist: Wir werden es uns nicht gefallen lassen, dass eine winzige Minderheit von enthemmten Extremisten versucht, unserer gesamten Gesellschaft ihren Willen aufzuzwingen.

(Beifall bei den Regierungsparteien sowie bei Abgeordneten der CDU / CSU und der Linken)

Dieser winzigen Minderheit der Hasserfüllten, die mit Fackelmärschen, mit Gewalt und Morddrohungen uns alle angreift, werden wir mit allen Mitteln unseres demokratischen Rechtsstaats entgegentreten. Unsere Demokratie ist eine wehrhafte Demokratie.

(Beifall bei den Regierungsparteien)

Viel ist ja zurzeit von der angeblichen Spaltung unserer Gesellschaft die Rede. Dazu stelle ich fest: Unsere Gesellschaft ist nicht gespalten.

(Beifall bei der SPD sowie bei Abgeordneten der Grünen und der FDP)

Die überwältigende Mehrheit der Bürgerinnen und Bürger in unserem Land verhält sich solidarisch, vernünftig und vorsichtig. Die Bundesregierung ist die Regierung dieser überwältigenden Mehrheit. Sie ist die Regierung aller solidarischen, vernünftigen und vorsichtigen Bürgerinnen und Bürger in unserem Land,

(Zurufe von der AfD)

und sie ist ausdrücklich auch die Regierung derjenigen Bürgerinnen und Bürger, die noch Zweifel haben oder vielleicht ganz einfach noch nicht dazu gekommen sind, sich impfen zu lassen. Die Regierung ist die Regierung der Bürgerinnen und Bürger, die sich an die Regeln halten und die umgekehrt erwarten, dass ihr Staat sie in Notlagen beschützt und ihre Freiheit sichert.

(Beifall bei den Regierungsparteien)

Frau Präsidentin, meine Damen und Herren, ausdrücklich und gerade an dieser Stelle danke ich der bisherigen Bundeskanzlerin. Frau Dr. Merkel hat der Bundesrepublik Deutschland 16 Jahre lang in eindrucksvoller Weise als Bundeskanzlerin gedient, jederzeit orientiert an der Sache und an den Tatsachen, stets völlig uneitel und ohne Allüren, immer mit Mut und mit Klugheit, mit Pragmatismus und mit Umsicht.

In den Wochen des Regierungswechsels mitten in dieser schwierigen Zeit der Pandemie hat Bundeskanzlerin Merkel alles nur Mögliche getan, um die Staffelübergabe an ihren Nachfolger so reibungslos wie nur irgend möglich zu gestalten. Die unaufgeregte, demokratische Zivilität des Übergangs von der einen Bundesregierung zur nächsten Bundesregierung wurde weltweit mit viel Bewunderung und Respekt aufgenommen.

(Beifall bei den Regierungsparteien)

Auch hierfür, genauso wie für die vertrauensvolle Zusammenarbeit und Kollegialität in den vergangenen Jahren, sage ich: Danke, Frau Dr. Merkel!

(Beifall bei den Regierungsparteien)

Frau Präsidentin, meine Damen und Herren, die neue Bundesregierung wird unser Land in dieser Wahlperiode zielstrebig auf die kommenden Jahrzehnte vorbereiten. Ein modernes Deutschland, jederzeit auf der Höhe der Herausforderungen unseres Jahrhunderts – das ist das Ziel.

(Zuruf von der AfD: Mit Stromabschaltungen!)

Das ist die Aufgabe, die wir ab sofort anpacken.

Die Bundesregierung, die jetzt unter meiner Führung ihre Arbeit aufnimmt, wird eine Fortschrittsregierung sein. Wir sind eine Regierung des technischen Fortschritts, weil wir nur mit technischem Fortschritt klimaneutral werden können und weil Deutschland und Europa nur so mithalten können im globalen Wettbewerb. Wir sind eine Regierung des sozialen Fortschritts, weil Respekt, Gerechtigkeit und Lebenschancen für alle eben kein Gegensatz sind zu wirtschaftlicher Stärke, sondern deren Voraussetzung. Und wir sind eine Regierung des gesellschaftlichen und des kulturellen Fortschritts, die Gesetz und Recht an die Lebenswirklichkeit unseres vielfältigen Landes anpasst.

(Beifall bei den Regierungsparteien – Zurufe von der AfD)

Die Kraft des Fortschritts – jetzt in der Corona-Pandemie erleben wir sie doch gerade wieder. Den mRNA-Impfstoff haben Uğur Şahin und Özlem Türeci hier bei uns in Deutschland erdacht und entwickelt. Nicht zuletzt ihnen und ihrem bahnbrechenden Impfstoff verdanken wir es, dass diese Pandemie nicht noch um ein Vielfaches verheerender wüten konnte.

(Beifall bei den Regierungsparteien sowie bei Abgeordneten der CDU / CSU)

Es ist keine Übertreibung: Diese beiden Forscher aus Mainz haben Millionen von Menschen auf der ganzen Welt das Leben gerettet. Ihr Impfstoff ist der beste Beweis dafür, dass kluger Fortschritt, kluge Innovation und kluge Modernisierung die Welt besser machen.

Darum setzen wir auf die Kraft und auf die Möglichkeit
des Fortschritts, und zwar gerade jetzt, in dieser Zeit. Wir
brauchen Fortschritt, denn die Aufgaben, die vor uns liegen, sind riesengroß. Die Klimakrise erfordert entschlos-
senes, systematisches und international abgestimmtes
Vorgehen. Die menschengemachte Erderwärmung muss
gestoppt werden. Die Pariser Klimaziele gelten.

Hinter uns liegen 250 Jahre, in denen unser Wohlstand
auf dem Verbrennen von Kohle, Öl und Gas gründete.
Jetzt liegen vor uns etwa 23 Jahre, in denen wir aus den
fossilen Brennstoffen aussteigen müssen und aussteigen
werden. Denn wir haben uns verpflichtet: Bis 2045 muss
Deutschland klimaneutral sein. Damit liegt vor uns die
größte Transformation unserer Industrie und Ökonomie
seit mindestens 100 Jahren.

Hinzu kommen die Herausforderungen der Globalisierung und Digitalisierung. Beide Prozesse haben die Welt
verändert, neue Lebenschancen und neuen Wohlstand gebracht, auch bei uns in Deutschland. Aber zugleich macht
die schiere Dynamik der Entwicklung vielen hier in unserem Land auch Sorgen. Sie fragen sich: Geht das alles gut
aus für mich, für meine Familie, für meine Kinder – in 10,
20, 30 Jahren? Wird es in Zukunft noch gutbezahlte Arbeit, sichere Renten und ein gutes Gesundheitssystem geben für Leute wie mich? Was kommt da zu auf die Stadt,
auf die Region, in der ich lebe?

Das sind alles große Herausforderungen, und es sind nicht die einzigen. Allen muss klar sein: Die vor uns liegenden zwanziger Jahre werden Jahre der Veränderung, der Erneuerung und des Umbaus sein. Alle in unserem Land wissen das: Wir brauchen diese Erneuerung. Aber zugleich wollen wir, dass diese Erneuerung allen Bürgerinnen und Bürgern in unserem Land zugutekommt. Das ist unser Versprechen: Wir werden neue Sicherheit durch Wandel schaffen und werden für Sicherheit im Wandel sorgen.

(Beifall bei der SPD und der FDP sowie bei Abgeordneten der Grünen)

Natürlich, Reform, Veränderung, Fortschritt, das ist niemals Selbstzweck. Mit der angeblichen Notwendigkeit des Fortschritts wurden in der Vergangenheit immer wieder auch problematische Entwicklungen begründet. Die ökologischen Krisen, mit denen wir es heute weltweit zu tun haben, sind nicht zuletzt auch Folgen früherer Vorstellungen von Fortschritt. Manche Entwicklungen wurden zu ihrer Zeit als großer Fortschritt gefeiert. Im Rückblick sehen wir sie aber kritisch. Denken wir an die Vorstellung von der autogerechten Stadt, denken wir an die Atomenergie oder bestimmte Formen der industriellen Landwirtschaft. Aber damit ist doch nicht die Idee des Fortschritts selbst widerlegt!

Im 21. Jahrhundert brauchen wir nicht weniger Fortschritt, sondern mehr Fortschritt.

(Beifall bei der SPD und der FDP sowie bei Abgeordneten der Grünen)

Aber wir brauchen besseren Fortschritt, wir brauchen klugen Fortschritt. Fortschritt für eine bessere Welt, für ein besseres Land, für eine bessere Gesellschaft, für mehr Freiheit für jede einzelne Bürgerin und jeden einzelnen Bürger, das ist der Fortschritt, den wir wollen. Diesen Weg des Fortschritts, der Erneuerung und Transformation wird die neue Bundesregierung auf allen Ebenen konsequent einschlagen. Unser Wohlstand, unsere Lebensqualität und die Arbeitsplätze des 21. Jahrhunderts hängen davon ab, dass uns diese Modernisierung gelingt, und darum fangen wir jetzt an.

Dabei wissen wir: Veränderung fällt schwer, Aufbruch ist nicht einfach. Im internationalen Vergleich ist Deutschland ein starkes, ein erfolgreiches, ein sehr wohlhabendes Land. Gute Ideen, hochwertige Produkte und Verfahren haben den Aufstieg unseres Landes zu einer der weltweit führenden Industrienationen begründet: »Made in Germany« – das ist seit über 100 Jahren weltweit ein Gütesiegel, und gerade darum ist die Versuchung manchmal ein bisschen groß, weiter auf die schon vorhandenen Erfolgsrezepte zu setzen. Es ist ja immer verlockend, bislang Erfolgreiches einfach weiterzumachen. Kaiser Wilhelm II. wird das Zitat zugeschrieben: »Ich glaube an das Pferd. Das Automobil ist eine vorübergehende Erscheinung.« – Das war ein Irrtum. Hätte sich diese Sichtweise seinerzeit durchgesetzt, dann wäre Deutschland heute ein anderes Land, ein ärmeres Land, ein rückständigeres Land. Darum werden wir in Deutschland neue Wege einschlagen, auch da, wo das Bestehende auf den ersten Blick noch oft gut funktioniert.

Heute ist Deutschland ein starkes Land. Aber gerade darum muss uns jetzt der Aufbruch gelingen. Gerade jetzt müssen wir handeln. Darum will die Regierung mehr Fortschritt wagen.

(Beifall bei den Regierungsparteien)

Ja, es ist ein Wagnis, von bewährten Rezepten abzukehren; es ist ein Wagnis, aufzubrechen und den Weg der Veränderung einzuschlagen. Aber dieses Wagnis müssen wir eingehen; denn weitaus waghalsiger als Aufbruch und Fortschritt wären jetzt Stillstand und Weiter-so. Es geht nicht um weniger als die Lebensbedingungen heutiger und zukünftiger Generationen auf der Erde. Es geht um die Zukunft von Wohlstand und Arbeitsplätzen hier bei uns in Deutschland. Darum müssen wir den Aufbruch hinbekommen, und das werden wir auch, wenn wir uns auf unsere Stärken konzentrieren, wenn wir auf unseren Erfolgen aufbauen.

(Beifall bei der SPD sowie bei Abgeordneten der Grünen und der FDP)

Frau Präsidentin, meine Damen und Herren, eine der großen Stärken unseres Landes und auch eine der wichtigsten Voraussetzungen unseres wirtschaftlichen Erfolgs war immer unser gesellschaftlicher Zusammenhalt. Nicht erst in der Corona-Pandemie spüren, nein, erleben viele Bürgerinnen und Bürger: Dieser innere Zusammenhalt, diese gesellschaftliche Solidarität ist gefährdet.

Mein Leitbild, das Leitbild der neuen Bundesregierung in dieser Lage ist eine Gesellschaft des Respekts. Respekt, Anerkennung, Achtung – das bedeutet, dass wir uns bei aller Verschiedenheit gegenseitig als Gleiche unter Gleichen wahrnehmen. Respekt heißt: Niemand schaut auf andere herab, weil er oder sie sich für stärker hält, für gebildeter, für reicher. Damit allein wären wir schon ein großes Stück weiter.

(Beifall bei der SPD und der FDP sowie bei Abgeordneten der Grünen)

Denn viele der Verletzungen und Kränkungen in unserer Gesellschaft haben ihre Ursache darin, dass sich Bürgerinnen und Bürger nicht genügend wahrgenommen fühlen.

Aber wenn uns die Corona-Pandemie eines gelehrt hat, dann doch dies: Es gibt keine höherwertigen und minderwertigen Tätigkeiten in unserem Land. Kassiererinnen oder Krankenpfleger, Reinigungskräfte, Paketboten oder Bahnschaffnerinnen – sie alle leisten ihren unverzichtbaren Beitrag zu unserem Gemeinwesen.

(Beifall bei den Regierungsparteien sowie der CDU / CSU)

Administrative, akademische oder künstlerische Tätigkeiten sind keine besseren oder würdigeren Tätigkeiten, sie sind andere Tätigkeiten. Auch sie verdienen natürlich Respekt.

(Beifall bei der SPD sowie bei Abgeordneten der CDU / CSU, der Grünen und der FDP)

Mehr Zuwendung, mehr Augenhöhe und weniger Herablassung, das ist das eine, wenn wir eine Gesellschaft des Respekts wollen. Das andere ist eine tatkräftige Politik für mehr Respekt, und das wird die Bundesregierung leisten. Denn Applaus für Krankenpflegerinnen oder das Trinkgeld für den Paketboten, das ist gut und richtig, aber das reicht nicht. Wir brauchen eine aktive Politik, die Respekt ermöglicht, Respekt bewahrt und immer wieder erneuert.

Dabei geht es um harte materielle, soziale und ökonomische Fragen. Niedrige Löhne für anstrengende Arbeit, prekäre Beschäftigung ohne Tarifvertrag, Armut im Alter, Wohnungsmangel und explodierende Mieten, fehlende Lebensperspektiven in manchen ländlichen Regionen, nicht zuletzt in Ostdeutschland – in solchen Missständen kommt aus Sicht der Betroffenen oft fehlender Respekt vor ihrer Leistung und ihrer Anstrengung zum Ausdruck. Missstände wie diese sind deshalb Gift für unseren Zusammenhalt. Darum werden wir sie beheben, und wir fangen jetzt damit an.

(Beifall bei den Regierungsparteien)

Klar ist auch: Zu jeder Politik des Respekts gehört, dass sie sich konsequent gegen Rassismus, Sexismus und jede andere Diskriminierung richtet. Hier werden wir nicht nachlassen. Auch vom weiteren Fortschritt in diesen Fragen hängt der Zusammenhalt unserer Gesellschaft ab.

(Beifall bei der SPD sowie bei Abgeordneten der Grünen und der FDP)

Gerade auch im Kontext unserer Mitbürgerinnen und Mitbürger mit nichtdeutschen Wurzeln ist der Begriff des Respekts besonders wichtig. Millionen von ihnen sind hier geboren. Viele Familien leben schon seit Generationen in Deutschland. Ihre Eltern und Großeltern haben als sogenannte Gastarbeiter massiv zum Aufbau und Wohlstand unseres Landes beigetragen. Wir sprechen hier von fast einem Viertel unserer Bevölkerung. Sie haben Anspruch auf volle Teilhabe am gesellschaftlichen Leben in unserem Land.

(Beifall bei den Regierungsparteien sowie bei Abgeordneten der CDU / CSU)

Wir sind ein Einwanderungsland bzw., um einen Begriff unseres Bundespräsidenten aufzugreifen, ein »Land mit Migrationshintergrund«.

(Norbert Kleinwächter [AfD]: Nein, das ist kein Land mit Migrationshintergrund! Wir sind nicht die USA!)

Aber wir müssen ein noch besseres Integrationsland werden. Dafür fühle ich mich verantwortlich.

(Beifall bei den Regierungsparteien)

Und alle, die sich hier bei uns in Deutschland für ihre persönliche Zukunft anstrengen, haben mich und die Bundesregierung auf ihrer Seite.

(Dr. Bernd Baumann [AfD]: Auch die Clans?)

Meine Damen und Herren, diese konkreten Aufgaben mit einer Politik des Respekts anzugehen, das ist auch wichtig, um das soziale Vertrauen in unserem Land zu stärken, das Vertrauen in die Demokratie und ihre Institutionen. Die Bürgerinnen und Bürger, besonders die schutzbedürftigen unter ihnen, erwarten von ihrem Staat, dass er sie so gut wie möglich vor Krisen und deren Folgen schützt. Wo dem Staat dies nicht gelungen ist, da muss er für die Zukunft lernen. Das wird eine der großen politischen Aufgaben der nächsten Jahre.

Dazu gehört auch, dass wir das, was wir Globalisierung nennen, so angehen, dass diese Entwicklung unsere Gesellschaft nicht in Lager spaltet. Wenn wir dem gefährlichen Trend der Renationalisierung etwas entgegensetzen wollen, dann darf nicht der Eindruck entstehen, die Globalisierung sei der demokratischen Kontrolle entglitten.

(Beifall bei der SPD sowie bei Abgeordneten der Grünen und der FDP)

Darum wird diese Bundesregierung konkrete politische Initiativen vorantreiben, die deutlich machen: Wir können eine gerechtere Globalisierung durchsetzen. Am Projekt einer internationalen Mindestbesteuerung zum Beispiel beteiligen sich inzwischen 136 Staaten. Das ist nicht nur aus fiskalischen Gründen ein wichtiges Anliegen,

(Zuruf von der Linken)

sondern gerade auch deshalb, weil es die Gerechtigkeit und das Vertrauen in die Demokratie stärkt.

(Beifall bei der SPD sowie bei Abgeordneten der Grünen und der FDP)

Um es klar zu sagen: Die Frage nach dem gesellschaftlichen Zusammenhalt ist keine Frage, der wir uns erst dann zuwenden müssen, wenn wir irgendwann alle anderen großen Probleme gelöst haben, von der Pandemie über die industrielle Transformation bis zur Klimaneutralität. Es ist genau umgekehrt: Die großen Probleme unserer Zeit werden wir überhaupt nur dann bewältigen, wenn uns unterwegs nicht der Zusammenhalt unserer Gesellschaft abhandenkommt.

Soziales Vertrauen und sozialen Zusammenhalt zu organisieren, das ist die Voraussetzung schlechthin dafür, dass Deutschland in diesem Jahrhundert eine gute Zukunft haben wird. Gelingen wird uns das nur mit einer Politik des Respekts, einer Politik, die immer alle Bürgerinnen und Bürger im Blick behält.

Meine Damen und Herren, in der Tat: Wir haben große Aufgaben vor uns. Deutschland muss und Deutschland wird in den zwanziger Jahren den Aufbruch hin zu einer klimaneutralen und digitalisierten Gesellschaft vollziehen. Die Bundesregierung wird die Arbeit aufnehmen, damit Deutschland gestärkt aus diesem Wandel hervorgeht, damit das Leben der Bürgerinnen und Bürger besser wird, damit unsere Wirtschaft prosperiert und viele gut bezahlte neue Arbeitsplätze entstehen.

Die kommenden vier Jahre werden wir auch dafür nutzen, Deutschland strukturell fit zu machen für die Welt des 21. Jahrhunderts. Damit die Transformation gelingt, brauchen wir eine moderne Verwaltung, die den Wandel vorantreibt, statt ihn zu verzögern. Es geht um technische und gesellschaftliche Innovationen, es geht um milliardenschwere Investitionen in neue Wohnungen, Schienenwege, Ladesäulen, Offshore-Windparks, PV-Anlagen, Stromnetze und vieles, vieles mehr. Es geht darum, die Fundamente für ein neues technologisches Zeitalter zu legen – von der Wasserstoffpipeline über die dezentrale Stromversorgung bis hin zur Elektroladesäule. Darum werden wir ein Jahrzehnt der Zukunftsinvestitionen einläuten.

(Beifall bei den Regierungsparteien)

Der größte Teil dieser Investitionen wird privatwirtschaftlich erbracht werden. Die Regierung wird sicherstellen, dass die Rahmenbedingungen dafür stimmen. Wir werden langfristig verlässliche Politik machen, die im Dialog mit Unternehmen und Beschäftigten steht und klare Orientierung bietet. Wo es möglich ist, werden wir Marktmechanismen nutzen, etwa einen starken europäischen Emissionshandel. Wo es nötig ist, werden wir das Ordnungsrecht einsetzen, zum Beispiel bei der Klimafreundlichkeit von Gebäuden. Und wo es sinnvoll ist, werden wir Förderprogramme schaffen, um anfangs höhere Preise neuer Technologien auszugleichen und Investitionen in klimafreundliche Technologien zu unterstützen.

Deshalb werden wir eine Superabschreibung für Investitionen in Klimaschutz und digitale Wirtschaftsgüter schaffen.

(Beifall bei der SPD und der FDP sowie bei Abgeordneten der Grünen)

Diese Investitionsprämie wird es in den Jahren 2022 und 2023 möglich machen, einen Anteil der Kosten der im jeweiligen Jahr angeschafften oder hergestellten Wirtschaftsgüter des Anlagevermögens vom steuerlichen Gewinn abzuziehen. Zusätzlich werden diese Wirtschaftsgüter entsprechend ihrer Nutzungsdauer linear abgeschrieben. Von dieser Superabschreibung profitieren somit alle, die in besonderer Weise in Klimaschutz und Digitalisierung investieren.

Außerdem werden wir die in der Coronakrise ausgeweitete Möglichkeit, dass unternehmerische Verluste bei der Berechnung von Steuerzahlungen rückwirkend stärker berücksichtigt werden können, verlängern und erweitern. Auch das schafft finanziellen Spielraum für Unternehmen.

(Beifall bei der SPD und der FDP sowie bei Abgeordneten der Grünen – Zuruf von der Linken)

Ein wichtiger Treiber für Innovationen und Investitionen sind Start-ups. Wir werden das Potenzial, das von solchen innovativen Unternehmensideen für die Transformation ausgeht, stärker nutzen und unser Land zum führenden Start-up-Standort in Europa machen.

(Beifall bei der FDP sowie bei Abgeordneten der SPD und der Grünen)

Auch die Rolle der Kreditanstalt für Wiederaufbau bei der Finanzierung von Start-ups werden wir ausbauen. Und wir verbessern die steuerlichen Bedingungen, wenn Mitarbeiter sich an ihren Unternehmen beteiligen. Gerade für Start-ups ist das eine wichtige Maßnahme.

(Beifall bei der SPD und der FDP sowie bei Abgeordneten der Grünen)

Damit die Transformation unseres Landes gelingt, wird die Bundesregierung in den kommenden vier Jahren viele Milliarden Euro einsetzen müssen. Dafür werden wir den verfassungsgemäß zulässigen Spielraum nutzen. Ein wichtiger Kern für diese Zukunftsinvestitionen ist der Energie- und Klimafonds, den wir zu einem Klima- und Transformationsfonds ausweiten und besser ausstatten werden. Zugleich kommt es jetzt darauf an, dass wir genau überprüfen, auf welche Ausgaben wir verzichten können und wo dem Staat Einnahmen vorenthalten werden. Darum wird die Bundesregierung den Kampf gegen Steuerhinterziehung und Steuerumgehung weiter vorantreiben und weltweit eine Vorreiterrolle übernehmen.

(Beifall bei den Regierungsparteien – Zuruf der Abg.
Kathrin Vogler [Die Linke])

Wir werden Steuerumgehung weiter erschweren. Diejenigen, die für sich selbst und ihre Kundinnen und Kunden Steuertricks entwickeln und vermarkten, müssen diese den zuständigen Behörden jetzt auch für rein nationale Fälle melden. So kann der Gesetzgeber schnell auf neue Umgehungsmöglichkeiten reagieren.

(Beifall bei Abgeordneten der Grünen)

Deshalb werden wir die bereits eingeführte Mitteilungspflicht für grenzüberschreitende Steuergestaltung auch auf nationale Steuergestaltung für Unternehmen mit einem Umsatz von mehr als 10 Millionen Euro ausweiten.

(Beifall bei der SPD sowie bei Abgeordneten der Grünen
und der FDP)

Insgesamt gilt für die Haushaltspolitik der kommenden Jahre: Nicht alles, was wünschenswert ist, wird sofort machbar sein. Die notwendigen Maßnahmen zur Bewältigung der Transformation können und werden wir aber sicher finanzieren.

(Beifall bei der SPD sowie bei Abgeordneten der Grünen
und der FDP)

Und auch das ist wichtig: Neue Finanzspielräume entstehen durch Wachstum. Wachstum wiederum ist das Ergebnis kluger Investitionen. Darum war und ist es richtig, nicht gegen die Krise anzusparen, sondern auch breite Hilfen und hohe Investitionen möglich zu machen, sodass wir aus der Krise herauswachsen.

(Beifall bei der SPD sowie bei Abgeordneten der Grünen und der FDP – Zuruf von der AfD)

Meine Damen und Herren, für den Erfolg der Transformation ist die Höhe der eingesetzten Mittel aber nur die eine Seite. Erfolgreich wird die Transformation nur sein, wenn Investitionen deutlich schneller wirksam werden. Darum werden wir innerhalb des ersten Jahres dieser Bundesregierung ein umfassendes Paket zur Planungs- und Genehmigungsbeschleunigung vorlegen. Unser Ziel ist, die Dauer der Verfahren zu halbieren. Dafür werden wir die personelle und technische Ausstattung der Behörden und Gerichte ausbauen. Das wollen wir mit einem Beschleunigungspakt gemeinsam mit den Ländern angehen.

(Beifall bei der SPD und der FDP sowie bei Abgeordneten der Grünen)

Große und besonders bedeutsame Infrastrukturmaßnahmen, also etwa wichtige Bahnstrecken oder Stromtrassen, werden wir per Gesetz auf den Weg bringen, und wir werden Regelungen treffen, die das Verhältnis von Klima- und Artenschutz klären.

Frau Präsidentin, meine Damen und Herren, Klimaschutz wird in dieser Bundesregierung zu einer zentralen Querschnittsaufgabe,

(Beifall bei Abgeordneten der Grünen)

und wir wollen uns gemeinsam daran messen lassen, wie erfolgreich wir diese Aufgabe lösen. Schon im kommenden Jahr werden wir ein umfassendes Sofortprogramm beschließen, das unsere Anstrengungen, Treibhausgase quer durch alle Sektoren zu verringern, verstärkt.

(Beifall bei der SPD und den Grünen sowie bei Abgeordneten der FDP)

Wir werden die Europäische Kommission aktiv dabei unterstützen, ihr Klimapaket »Fit for 55« zu verwirklichen. Wir wollen gemeinsam mit unseren europäischen Partnern die europäische und die internationale Klimapolitik voranbringen. Wir werden auch unsere internationalen Bemühungen für den Klimaschutz erhöhen. Wir sind dem Pariser Klimaabkommen verpflichtet und werden zu seinem Erfolg beitragen.

(Beifall bei Abgeordneten der SPD und der FDP)

Gleichzeitig werden wir zusammen mit unseren Partnern die Gründung eines offenen Klimaklubs voranbringen, der sich auf gemeinsame Standards verständigt und deutsche Unternehmen im internationalen Wettbewerb vor Carbon Leakage schützt.

(Beifall bei der SPD sowie bei Abgeordneten der Grünen und der FDP)

Meine Damen und Herren, der Wohlstand unseres Landes hängt an unserer Fähigkeit, die Infrastrukturen für das klimaneutrale Zeitalter aufzubauen. Bei der Energieversorgung wird das besonders deutlich. Im kommenden

Jahr beenden wir das Zeitalter der Atomkraft in Deutschland nach Jahrzehnten des gesellschaftlichen Konflikts.

(Zuruf von der AfD)

Gleichzeitig arbeiten wir am zügigen Ausstieg aus der Kohleverstromung, idealerweise schon im Jahre 2030. Es hat ja um das Wort »idealerweise« Debatten gegeben. Es bedeutet aber ganz einfach: Voraussetzung eines vorgezogenen Ausstiegs ist Versorgungssicherheit.

(Beifall bei Abgeordneten der FDP – Zuruf von der AfD)

Voraussetzung ist, dass wir einen großen Teil unseres Strombedarfs aus Windkraft und Photovoltaik decken können, dass wir neue Gaskraftwerke bauen und diese baldmöglichst mit Wasserstoff betreiben können.

(Lachen des Abg. Stefan Keuter [AfD])

Meine Damen und Herren, heute liegt der Strombedarf in Deutschland bei 560 Terawattstunden. Wir rechnen damit, dass er im Jahr 2030 zwischen 680 bis 750 Terawattstunden betragen wird. Wir müssen also mindestens 120 Terawattstunden zusätzlich decken. Das ist ungefähr der heutige Strombedarf der Niederlande, ein Land mit fast 18 Millionen Einwohnern. 80 Prozent unseres Strombedarfs sollen bis 2030 aus erneuerbaren Energieträgern gedeckt werden. Das bedeutet: Wir müssen die Produktion von erneuerbarem Strom bis 2030 mehr als verdoppeln. Ja, das ist eine gigantische Aufgabe,

(Kay Gottschalk [AfD]: Na dann viel Spaß!)

aber ich bin der festen Überzeugung: Das wird uns gelingen.

(Beifall bei der SPD, den Grünen und der FDP)

Auf die Grundlagen haben wir uns verständigt: Schon im kommenden Jahr werden wir Hürden und Hemmnisse beseitigen, und es sollen 2 Prozent der Fläche in Deutschland für die Windkraft reserviert werden.

(Jürgen Braun [AfD]: Unglaublich!)

Photovoltaikmodule sollen auf deutschen Dächern zur Regel werden. Bei gewerblichen Neubauten werden sie verbindlich vorgeschrieben. Wir werden den Ausbau unserer Offshore-Windkapazitäten voranbringen und mit unseren Nordseepartnern stärker kooperieren. Wir fördern den Ausbau der erneuerbaren Energien. Aber wir fordern auch: Auf Dauer müssen sich die erneuerbaren Energien auf dem Markt finanzieren. Darum werden wir den förderfreien Zubau stärken. Wenn der Kohleausstieg vollendet ist, muss auch die Förderung der erneuerbaren Energien auslaufen.

Frau Präsidentin, ein zentraler Pfeiler unserer Klimapolitik ist die Verkehrswende. Dass die Bürgerinnen und Bürger heute deutlich mobiler sind als vor 30, 50 oder 100 Jahren, ist eine große Errungenschaft. Mobilität erweitert den Horizont, ermöglicht Teilhabe, Begegnung und Lebenschancen. Wir werden in den kommenden Jahren dafür sorgen, dass Mobilität einfacher, komfortabler und klimafreundlicher wird und dabei für alle bezahlbar bleibt.

(Lachen bei Abgeordneten der AfD)

Unser Schwerpunkt wird auf dem Ausbau der Schiene liegen. Wir werden die Großstädte besser an den Fernverkehr anbinden und das europäische Nachtzugnetz ausbauen. Wir werden die Bahn wieder stärker im ländlichen Raum verankern und, wo es sinnvoll ist, stillgelegte Trassen reaktivieren.

(Beifall bei den Regierungsparteien)

Wir wollen den Anteil des Schienengüterverkehrs bis 2030 deutlich erhöhen und die Fahrgastzahl im Personenverkehr deutlich steigern. Dafür werden wir in den kommenden Jahren die Schienenwege ausbauen und mit digitaler Technik ausstatten. Und: Wir werden das finanzielle Engagement des Bundes für den Nahverkehr noch einmal steigern. Mit den Ländern und Kommunen werden wir einen Ausbau- und Modernisierungspakt für einen besseren ÖPNV schließen.

(Beifall bei den Regierungsparteien)

Gleichzeitig wollen wir die Nutzerfreundlichkeit über die verschiedenen Verkehrsverbünde hinweg erhöhen, zum Beispiel durch gemeinsame Qualitätsstandards und eine klarere Tarifstruktur.

Zugleich wissen wir: Für viele Bürgerinnen und Bürger wird das Auto weiter unverzichtbar sein. Viele fahren gern mit dem Auto, und das soll auch so bleiben.

(Beifall bei der SPD und der FDP)

Aber die Antriebe müssen klimafreundlich werden. Nach mageren Jahren hat sich die Elektromobilität zu einer Erfolgsgeschichte entwickelt. Wir werden dafür sorgen, dass sie weiter Tempo aufnimmt.

(Beifall bei der SPD sowie bei Abgeordneten der Grünen und der FDP)

Viele Hersteller haben ehrgeizige Pläne, ihre Produktion auf klimafreundliche Antriebe umzustellen. Mit dem Ausbau der heimischen Batteriezellenfertigung werden wir dafür sorgen, dass ein hoher Teil der Wertschöpfung rund ums Automobil in Deutschland bleibt. Wir werden die staatliche Förderung für 2022 fortschreiben und danach schrittweise abbauen und gerade im Bereich der Plug-in-Hybride stärker an der elektrischen Fahrleistung ausrichten.

Unser Ziel ist, dass im Jahr 2030 in Deutschland 15 Millionen Elektroautos unterwegs sind.

(Beifall bei der SPD sowie bei Abgeordneten der Grünen und der FDP)

Der Schlüssel hierfür liegt in der Ladeinfrastruktur. Laden muss so einfach werden wie Tanken. Das Angebot an Ladesäulen muss dem Bedarf zunächst vorausgehen. Die Förderung des Ausbaus der Ladeinfrastruktur werden wir effektiver und effizienter ausgestalten. Hemmnisse in Genehmigungsprozessen bei Netzinfrastruktur und Netzanschlussbedingungen werden wir abbauen.

Frau Präsidentin, meine Damen und Herren, in Staat und Gesellschaft streben wir einen digitalen Aufbruch an. Dazu gehört zunächst – für alle wichtig und erfahrbar – die digitale Infrastruktur. Unser Ziel ist die flächendeckende Versorgung mit Glasfaser und dem neuesten Mobilfunkstandard. Wir werden besonders dort investieren, wo der Nachholbedarf am größten ist, um Funklöcher zu schließen. Deutschland muss als Technologiestandort wieder an die Spitze kommen.

Darum werden wir Investitionen in künstliche Intelligenz und Quantentechnologien, in Cybersicherheit, Robotik und weitere Zukunftstechnologien stärken. Und wir wollen auch die Halbleiterproduktion ausbauen. Auch die Digitalisierung der Verwaltung werden wir entschieden vorantreiben und an einheitlichen digitalen Lösungen für Bund und Länder arbeiten.

In Europa werden wir uns dafür einsetzen, dass die Datenschutzbestimmungen der Datenschutz-Grundverordnung besser und einheitlicher durchgesetzt werden. Wir brauchen aber auch ambitioniertere Regelungen für einen fairen Wettbewerb in der Digitalwirtschaft. Das Bundeskartellamt werden wir für den Umgang mit Plattformen deshalb stärken.

Frau Präsidentin, meine Damen und Herren, lösen werden wir all diese großen Aufgaben nur, wenn alle Bürgerinnen und Bürger in Deutschland klarkommen können, und das hat Voraussetzungen. Eine davon ist die Anhebung des Mindestlohns auf 12 Euro.

Das soll im Laufe des kommenden Jahres geschehen. Der Bundesarbeitsminister wird dafür zeitnah einen Gesetzentwurf auf den Weg bringen.

Der gesetzliche Mindestlohn wurde schon vor sechs Jahren eingeführt; er lag zu Beginn bei 8,50 Euro. Die

Erfahrungen sind positiv. Viele Arbeitnehmerinnen und Arbeitnehmer haben profitiert. Die Warnungen vor Geschäftsaufgaben und Entlassungen waren unbegründet.

Das Mindestlohngesetz sieht die regelmäßige Anpassung durch eine unabhängige Kommission vor. Diese Regelung werden wir beibehalten.

(Beifall des Abg. Reinhard Houben [FDP])

Und doch werden wir einen einmaligen Anpassungsschritt des Gesetzgebers vornehmen. Das ist in einem reichen, wirtschaftlich starken Land wie unserem möglich, und das ist auch nötig, meine Damen und Herren.

(Beifall bei den Regierungsparteien sowie des Abg. Ralph Lenkert [Die Linke])

Bis zu 10 Millionen Erwerbstätige werden davon profitieren und ihren Lebensunterhalt besser bestreiten können. Es ist der ganz konkrete Ausdruck einer Politik des Respekts.

Dasselbe gilt für die Gleichstellung von Frauen und Männern; die muss in diesem Jahrzehnt in unserem Land endlich Realität werden und nicht erst in irgendeiner fernen Zukunft.

(Beifall bei den Regierungsparteien)

Wirkliche Gleichstellung bedeutet, über den gleichen Einfluss, die gleiche Macht und die gleichen Möglichkeiten zu verfügen. Gleichstellung bedeutet auch: Für gleiche Arbeit muss gleicher Lohn gezahlt werden.

Dazu werden wir die Möglichkeiten ausbauen, die das Entgelttransparenzgesetz bietet, meine Damen und Herren.

*(Beifall bei der SPD und den Grünen sowie bei Abgeord-
neten der FDP)*

»Respekt vor Leistung« heißt auch »Respekt vor Lebensleistung«. Das bedeutet, im Alter nach einem langen
Berufsleben eine angemessene Rente zu erhalten. Wir
wissen um die Herausforderung in einer älter werdenden
Gesellschaft, ein hohes Niveau sozialer Sicherheit zu garantieren und zugleich das System bezahlbar zu halten.
Darum sichern wir das Mindestrentenniveau bei 48 Prozent.

*(Beifall der Abg. Dagmar Schmidt [Wetzlar] [SPD] – Zu-
ruf von der Linken: Zu wenig!)*

Wir sehen auch keine weitere Anhebung der Regelalters-
grenze vor. Und zugleich werden wir den Nachholfaktor
wieder gelten lassen und bauen in die gesetzliche Rentenversicherung eine teilweise Kapitaldeckung ein.

*(Beifall bei der FDP sowie bei Abgeordneten der SPD und
der Grünen)*

Aus dem Haushalt werden der Rentenversicherung im
kommenden Jahr zunächst 10 Milliarden Euro zugeführt,
die rentabel angelegt werden können und als Demogra-
phiereserve dienen.

Wichtig ist uns auch, dass möglichst viele Arbeitnehmerinnen und Arbeitnehmer Anspruch auf eine Betriebsren-
te haben. Eine weitere Aufgabe in dieser Legislaturperiode wird es sein, in Zeiten der anhaltenden Niedrigzinsen
bessere Angebote in der dritten Säule der privaten Altersvorsorge zu entwickeln, gerade für solche, die staatlich gefördert werden.

(Beifall bei der SPD und der FDP sowie bei Abgeordneten der Grünen – Norbert Kleinwächter [AfD]: Lösen Sie das Problem des Euro! Raus aus dem Euro!)

Alle Selbstständigen, sofern sie nicht über Versorgungswerke abgesichert sind oder eine entsprechende private Altersvorsorge aufbauen, werden in Zukunft gesetzlich versichert sein, damit einer etwaigen Armut im Alter vorgebeugt wird.

(Beifall bei der SPD sowie bei Abgeordneten der Grünen und der FDP)

Meine Damen und Herren, auch unsere Gesundheitsversorgung und unser Pflegesystem müssen den Herausforderungen der Zukunft gerecht werden. Was besser werden muss, haben wir gerade auch in der Pandemie erlebt. Wir brauchen heimische Kapazitäten der medizinischen Produktion, um nicht wieder in Abhängigkeit zu geraten. Wir werden den Öffentlichen Gesundheitsdienst besser ausstatten und das medizinische Personal konkurrenzfähiger bezahlen.

(Beifall bei der SPD und der Grünen sowie bei Abgeordneten der FDP)

Wir werden die Chancen der Digitalisierung auch im Gesundheitssystem heben. Wir werden die ambulante Versorgung verbessern, die Krankenhausplanung und -finanzierung reformieren.

(Beifall bei der SPD sowie bei Abgeordneten der Grünen und der FDP)

Meine Damen und Herren, die Pflegekräfte, die Frauen

und Männer in der Pflege, haben Großartiges geleistet, oft über das Erträgliche hinaus. Ihnen gilt unser Dank.

(Beifall bei den Regierungsparteien, der CDU / CSU sowie bei Abgeordneten der Linken)

Wir haben deshalb einen Pflegebonus vereinbart und werden die Steuerbefreiung anheben. Doch wir wissen, dass das noch keine strukturelle Lösung ist.

(Dr. Dietmar Bartsch [Die Linke]: Allerdings!)

Darum werden wir die Arbeitsbedingungen der Pflegekräfte verbessern, indem wir eine bessere Personalausstattung in Krankenhäusern möglich machen werden.

(Beifall bei den Regierungsparteien)

Wichtig ist auch, dass wir die Lücke zwischen den Löhnen in der Kranken- und Altenpflege schließen.

Wenn Bürgerinnen und Bürger pflegebedürftig werden, ist das für sie und ihre Angehörigen oft finanziell überfordernd. Darum werden wir die Eigenanteile an den Kosten in Pflegeheimen begrenzen.

(Beifall bei den Regierungsparteien sowie bei Abgeordneten der Linken)

Und, meine Damen und Herren, wir werden prüfen, wie eine freiwillig wählbare Pflegevollversicherung im Alter für alle Pflegekosten, die zusätzlich anfallen, aufkommen kann.

Meine Damen und Herren, Dreh- und Angelpunkt für die Zukunft der sozialen Sicherung bleibt der Arbeitsmarkt. Darum ist es wichtig, dass wir weiterhin ein hohes und möglichst noch steigendes Beschäftigungsniveau in Deutschland haben, am besten mit Sozialpartnerschaft, mit Tarifbindung und Mitbestimmung. Gerade in Zeiten des Wandels brauchen wir starke Gewerkschaften und starke Arbeitgeberverbände.

(Beifall bei den Regierungsparteien)

Ein hohes Beschäftigungsniveau ist auch aus gesellschaftlichen und wirtschaftlichen Gründen nötig. Wir werden die Situation in der Pflege nur dann nachhaltig verbessern, wenn mehr Pflegekräfte dort tätig sein können. Wir werden viele unserer Vorhaben, vom Wohnungsbau bis zur Energiewende, nur dann hinbekommen, wenn ausreichend qualifizierte Fachkräfte im Einsatz sind. Für eine bessere Pflege, für den Bau von Wohnungen, für die industrielle Transformation, für innovative Unternehmen – überall brauchen wir qualifizierte Arbeitskräfte. Das ist im Übrigen ein fast schon symbolhaftes Projekt der neuen Fortschrittsregierung, weil wir hier wirtschaftliche Ziele mit sozialen und gesellschaftspolitischen Zielen verbinden.

(Zuruf von der AfD)

Wir müssen daher auch für gute Aus- und Weiterbildung sorgen.

(Beifall bei den Regierungsparteien)

Das ist mir auch persönlich sehr wichtig; denn auch dabei geht es wieder um Respekt. Ich will, dass eine berufliche Ausbildung im dualen System in Deutschland genauso viel Anerkennung erhält wie das Studium.

(Beifall bei den Regierungsparteien sowie bei Abgeordneten der CDU / CSU)

Darum sollen alle Jugendlichen, die einen Ausbildungsplatz suchen, auch einen Ausbildungsplatz bekommen.
Damit das klappt, haben wir eine Ausbildungsgarantie
vereinbart.

(Beifall bei den Regierungsparteien)

Für viele junge Leute, die sich für ein Studium entscheiden, werden wir die Ausbildungsförderung verbessern.
Vor 50 Jahren wurde das BAföG eingeführt. Es war eine
Errungenschaft für mehr Chancengleichheit. Wir werden
das BAföG elternunabhängiger machen.

(Beifall bei den Regierungsparteien)

Die geplante Kindergrundsicherung ist eine Basisfinanzie-
rung für Studierende. Wir werden zugleich die Freibeträge
und die Altersgrenzen anheben, damit mehr Studierende
Zugang zum BAföG bekommen, und wir werden prüfen,
ob wir den Darlehensanteil senken können.

(Beifall bei Abgeordneten der SPD und der Grünen)

Zugleich gilt: Die berufliche Bildung endet nicht mit der
Erstausbildung; erst recht nicht angesichts der Transfor-
mationen, die wir schon jetzt erleben und in den nächsten
Jahrzehnten noch erleben werden. Die Welt wird digitaler. Wir müssen klimaneutral werden. Viele Tätigkeiten
können von Robotern und künstlicher Intelligenz erledigt
werden, aber bei weitem nicht alle. Die Arbeit – da bin
ich sicher – wird uns nicht ausgehen, aber die Tätigkeiten
und Aufgaben werden sich verändern; berufliche Weiterbildung wird immer wichtiger.

(Beifall bei den Regierungsparteien)

Darum verbessern wir das Aufstiegs-BAföG für diejenigen, die sich für diesen Weg entscheiden. Mit höheren Fördersätzen und Freibeträgen sorgen wir dafür, dass auch eine zweite vollqualifizierte Ausbildung gut möglich ist. Auch die Arbeitsförderung richten wir stärker auf Weiterbildung aus mit einer Bildungszeit und einem Qualifizierungsgeld, das sich am Kurzarbeitergeld orientiert.

Klar ist ebenfalls, dass wir in Deutschland deutlich mehr Arbeitskräfte brauchen. Darum werden wir unser Einwanderungsrecht modernisieren und ergänzen. Auf der Basis eines neuen Punktesystems erleichtern wir ausländischen Arbeitskräften die Jobsuche in Deutschland. Gleichzeitig steuern wir damit gezielt den Zugang zum deutschen Arbeitsmarkt. Das ist ein Fortschritt, den wir brauchen.

(Beifall bei der SPD und der FDP sowie bei Abgeordneten der Grünen)

Wichtig ist deshalb auch, dass wir Bildungs- und Berufsabschlüsse aus dem Ausland leichter und schneller anerkennen.

(Beifall bei den Regierungsparteien)

Meine Damen und Herren, mehr Förderung wollen wir auch in der Grundsicherung. Es ist gut, dass wir ein Sozialsystem mit einer Grundsicherung für alle haben, die nicht oder nicht mehr über andere Systeme abgesichert sind. Aber besser ist es, wenn eine Grundsicherung nicht oder zumindest nicht lange in Anspruch genommen werden muss. Was im Volksmund »Hartz IV« heißt, ersetzen wir durch ein neues Bürgergeld.

(Beifall bei den Regierungsparteien)

Es hat sich in der Pandemie bewährt, in den ersten beiden Jahren das Vermögen stärker zu schonen und die Angemessenheit der Wohnung nicht zu überprüfen. Das ist fair und entlastet die Betroffenen.

(Beifall bei Abgeordneten der Regierungsparteien)

Die Eingliederungsvereinbarung ersetzen wir durch eine Teilhabevereinbarung. Wir verzichten nicht auf Mitwirkungspflichten, aber wir schaffen ab, dass man sich nicht gleich qualifizieren kann, wenn das gut ist. Wer zum Beispiel einen qualifizierten Beruf gelernt hat und in die Grundsicherung rutscht, sollte die Chance haben, sich weiterzubilden oder einen neuen Beruf zu erlernen.

(Beifall bei den Regierungsparteien)

Auch das ist Respekt vor dem Beruf und der Lebensleistung. Es bleibt beim Prinzip »Fördern und Fordern«, aber wir fördern mehr, und wir fördern besser als bisher.

(Beifall bei der SPD sowie bei Abgeordneten der Grünen und der FDP)

Frau Präsidentin, meine Damen und Herren, wir wollen Frauen und Männern gleichermaßen eine gute Beschäftigungsbiographie ermöglichen und zugleich den Fachkräftebedarf sichern. Das geht, wenn wir Beruf und Familie noch besser vereinbar machen. Das Elterngeld ist ein Erfolgsmodell, und wir wollen es noch besser machen. Es soll sich lohnen, wenn Eltern die Zeit für Erziehung, Pflege und Erwerbsarbeit partnerschaftlich teilen. Dazu gehört, dass die Partnerin oder der Partner nach der Geburt zwei Wochen Zeit bekommt, für die Familie da zu sein, ohne den Urlaub anzutasten. Wir sprechen von einer vergüteten Freistellung, und es geht uns darum, gleichzeitig die Anzahl der Kinderkrankentage dauerhaft anzuheben. Das alles hilft Familien.

(Beifall bei den Regierungsparteien)

Eine große und technisch anspruchsvolle Reform nehmen wir uns vor mit der Einführung einer neuen Kindergrundsicherung. Derzeit haben wir noch verschiedene Leistungen und steuerliche Regelungen, die nebeneinander existieren. Das ist zu kompliziert, nicht gut verständlich und in vielen Fällen auch nicht bedarfsgerecht. Die Kindergrundsicherung, die wir im Laufe dieser Legislaturperiode einführen werden, wird aus einem Sockelbetrag für jedes Kind bestehen sowie aus einem Zusatzbetrag, der vom Einkommen der Eltern abhängt. Die Kindergrundsicherung wird unbürokratisch digital zu erhalten sein. Das ist ein großer Fortschritt hin zu einem modernen Sozialstaat.

(Beifall bei den Regierungsparteien)

Gemeinsam mit den Ländern werden wir die frühkindliche Bildung in den Kitas stärken, bessere Startchancen in sozial benachteiligten Schulen schaffen, schulische Ganztagsangebote verbessern und mit dem Digital-Pakt 2.0 die Digitalisierung unserer Schulen vorantreiben.

(Beifall bei den Regierungsparteien)

Eine der sehr großen sozialen Fragen unserer Zeit ist das Wohnen. Guter und bezahlbarer Wohnraum ist ein menschliches Grundbedürfnis. Aber für viele Bürgerinnen und Bürger gibt es heute gerade in unseren Städten zu wenig bezahlbare Wohnungen. Sie müssen endlos suchen, finanziell an ihre Grenzen gehen oder lange Pendelwege zur Arbeit in Kauf nehmen. Der Traum vom Häuschen am Stadtrand oder von der Eigentumswohnung im Kiez bleibt für normalverdienende Familien immer öfter unerfüllt.

(Zuruf von der AfD: Wir haben Platz!)

Die Lage auf dem Wohnungsmarkt erfordert, dass die neue Bundesregierung entschlossen handelt, und das tun wir. Wir schaffen ein neues Ministerium für Wohnen, Stadtentwicklung und Bauwesen, damit wir alle Kraft auf diese Aufgabe konzentrieren können.

(Beifall bei der SPD und der FDP sowie bei Abgeordneten der Grünen)

Wir wollen, dass in Deutschland pro Jahr 400 000 neue Wohnungen gebaut werden, darunter 100 000 öffentlich geförderte. Wir werden ein Bündnis für bezahlbaren Wohnraum einberufen. Zusammen mit den Ländern und Kommunen, der Bau- und Wohnungswirtschaft sowie den Mieterverbänden werden wir beraten, wie wir schneller und günstiger mehr Wohnraum in Deutschland schaffen.

(Beifall bei der SPD und der FDP sowie bei Abgeordneten der Grünen)

Das Missverhältnis von Angebot und Nachfrage auf dem Wohnungsmarkt kann aber nicht von heute auf morgen ausgeglichen werden. Darum werden wir auch in der Zwischenzeit etwas tun, um den Anstieg der Mieten in Grenzen zu halten: Wir verlängern die bestehende Mietpreisbremse bis zum Jahr 2029, und wir senken in angespannten Wohnungsmärkten die Kappungsgrenze. In drei Jahren darf die Miete dann um nicht mehr als 11 Prozent steigen, wenn sie noch unterhalb der ortsüblichen Vergleichsmiete liegt.

Mehr Fairness zwischen Vermietern und Mietern setzen wir auch beim Klimaschutz durch. Für das Heizen mit fossilen Energien gibt es ja bereits den CO_2-Preis. Dieser dient aber dazu, dass auf klimafreundliches Heizen umgerüstet wird.

Mittelfristig wollen wir eine Teilwarmmiete einführen: Die Grundversorgung wird Teil der Miete, alles darüber hinaus zahlt der Mieter. So besteht für beide Seiten der Anreiz zum Umrüsten und Energiesparen. Jetzt in der Übergangszeit wollen wir im kommenden Jahr eine differenzierte Kostenteilung durchsetzen. Das ist gerecht.

(Beifall bei der SPD und den Grünen sowie bei Abgeordneten der FDP)

Meine Damen und Herren, die Transformation, die jetzt vor uns liegt, wird auf Dauer nur erfolgreich sein, wenn sie von einer breiten Mehrheit der Bürgerinnen und Bürger in unserem Land getragen wird. Darum werden wir die Kohleregionen in Ostdeutschland und Nordrhein-Westfalen weiterhin solidarisch unterstützen. Unser Versprechen gilt: Niemand wird ins Bergfreie fallen. Die Folgen des Strukturwandels bewältigen wir gemeinsam.

(Beifall bei den Regierungsparteien)

Das gilt auch im Hinblick auf die großen Veränderungen in der Industrie insgesamt. Wir werden eine vorausschauende Strukturpolitik betreiben, gezielt neue Wertschöpfung schaffen, zum Beispiel beim Wasserstoff oder der Batteriezellenfertigung. Und wir werden den Arbeitnehmerinnen und Arbeitnehmern zur Seite stehen. Gerade in Zeiten steigender Energiepreise werden wir darauf achten, dass Energie kein Luxusgut wird – nicht für Unternehmen in unserem Land und nicht für die Bürgerinnen und Bürger. Richtig ist: Langfristig wird fossile Energie auf berechenbare Weise teurer. Das darf aber Menschen mit kleinem Geldbeutel nicht überfordern. Eine warme Wohnung ist ein Grundrecht. Die Fahrt mit dem Auto zur Arbeit oder zum Supermarkt ist für viele schlichtweg notwendig.

(Beifall bei der SPD und der FDP sowie bei Abgeordneten der Grünen)

Gute Klimapolitik fordert nicht Verzicht, sondern sie ermöglicht den Umstieg auf klimafreundliche Alternativen. Vor allem deshalb werden wir private Haushalte und Unternehmen schon im Jahr 2023 von der EEG-Umlage befreien und diese zukünftig aus dem Bundeshaushalt refinanzieren.

(Beifall bei der SPD und der FDP sowie bei Abgeordneten der Grünen)

Das entlastet eine vierköpfige Familie pro Jahr im Vergleich zu 2021 um rund 300 Euro, und es reduziert den bürokratischen Aufwand für Unternehmen und Staat, der in den vergangenen 20 Jahren rund um die EEG-Umlage entstanden ist. So entsteht auch ein neuer Rückenwind für den Umstieg auf E-Autos und Wärmepumpen.

Der CO_2-Preispfad bleibt stabil. Deshalb haben wir uns

darauf verständigt, dass wir Benzin, Öl und Gas nicht zusätzlich verteuern. Wir werden außerdem das Wohngeld modernisieren, eine Klimakomponente einführen und einen einmaligen Heizkostenzuschuss für Wohngeldempfänger zahlen.

Auch an anderer Stelle sorgen wir dafür, dass die Bürgerinnen und Bürger mehr Geld zur Verfügung haben. So werden wir die Bedingungen für Midijobs verbessern, indem wir die Verdienstgrenze auf bis zu 1600 Euro erhöhen. Dadurch profitieren mehr Beschäftigte von den reduzierten Sozialbeiträgen.

(Beifall bei der SPD und der FDP sowie bei Abgeordneten der Grünen)

Wir verstärken die Anreize für derzeitige Midijobber, ihre Arbeitszeit in Richtung einer Vollzeitstelle weiter zu erhöhen. Mit der Erhöhung des Mindestlohns heben wir auch die Grenze für Minijobs auf 520 Euro an.

(Beifall bei der SPD und der FDP sowie bei Abgeordneten der Grünen)

Das Urteil des Bundesfinanzhofs zur Rentenbesteuerung werden wir rasch umsetzen. Nicht erst 2025, sondern schon ab dem übernächsten Jahr werden die Beiträge zur Rentenversicherung als Sonderausgabe voll abzugsfähig sein. Das ist eine Steuerentlastung für Millionen Bürgerinnen und Bürger.

(Beifall bei der SPD und der FDP sowie bei Abgeordneten der Grünen)

Zudem werden wir den steuerpflichtigen Teil der ausgezahlten Rente langsamer ansteigen lassen als bisher im

Gesetz vorgesehen. Das ist eine Steuerentlastung für viele künftige Rentnerinnen und Rentner.

(Beifall bei der SPD und der FDP sowie bei Abgeordneten der Grünen)

Meine Damen und Herren, heute ist Deutschland ein Land von ungeheurer innerer Vielfalt. Die Bundesregierung begreift diese gesellschaftliche Vielfalt als eine der großen Stärken unseres Landes.

(Dr. Bernd Baumann [AfD]: Sehen Sie auch die Probleme darin?)

Sie verwechselt Zusammenhalt nicht mit Homogenität, sondern sie schafft die Rahmenbedingungen dafür, dass Zusammenhalt aus der Vielfalt heraus möglich ist. Sie schützt die Sicherheit der Bürgerinnen und Bürger und schafft die Voraussetzungen für eine Gesellschaft des Respekts. Zum demokratischen Gemeinwesen gehört ein handlungsfähiger Rechtsstaat, der Freiheit und Sicherheit garantiert.

(Beifall bei den Regierungsparteien)

Wer bei der Polizei oder beim Zoll, bei Sicherheitsbehörden oder Ordnungsämtern arbeitet, verdient unseren Respekt, meine Damen und Herren.

(Beifall bei der SPD und der FDP sowie bei Abgeordneten der Grünen)

Die Arbeit ist oft hart, und die Aufgaben werden immer umfangreicher, gerade jetzt etwa bei der Durchsetzung der notwendigen Auflagen zur Bekämpfung der Corona-Pandemie. Im Namen der gesamten Bundesregierung danke ich allen, die Tag und Nacht auf der Straße und in schwierigen Situationen die Sicherheit der Bürgerinnen und Bürger und die Ordnung unseres Gemeinwesens gewährleisten.

(Beifall bei den Regierungsparteien sowie bei Abgeordneten der CDU / CSU)

Aber diese Anerkennung muss auch Hand und Fuß haben. Darum werden wir für die gute Personal- und Sachausstattung der Bundespolizei sorgen und diese als Dienstherr attraktiver machen. Die Schwerpunkte der Arbeit der Sicherheitsbehörden in den nächsten Jahren werden auf den Kampf gegen Extremismus und Organisierte Kriminalität gelegt werden. Dazu gehören Prävention, Deradikalisierung und Gefahrenabwehr.

(Zuruf von der AfD: Fangen wir doch mal mit der Gefahr an!)

Ausdrücklich teile ich die Einschätzung der Bundesinnenministerin: Die größte Bedrohung für unsere Demokratie ist der Rechtsextremismus. Darum werden wir diese Gefahr mit aller Entschlossenheit bekämpfen.

(Beifall bei den Regierungsparteien und der Linken sowie bei Abgeordneten der CDU / CSU)

Die vorliegenden Konzepte für Demokratieförderung, für die Stärkung der zivilgesellschaftlichen Beratung und für Präventionsangebote werden wir jetzt nutzen und ein Demokratiefördergesetz auf den Weg bringen.

(Beifall bei den Regierungsparteien)

Wir werden entschieden gegen Organisierte Kriminalität

in jeder Form vorgehen. Das effektivste Mittel dafür besteht darin, diesen Strukturen den Geldhahn abzudrehen. Darum werden wir die Geldwäschebekämpfung stärken. Immobilien werden künftig nicht mehr mit Bargeld bezahlt werden können.

(Beifall bei den Regierungsparteien)

Den Pakt für den Rechtsstaat werden wir verstetigen und um einen Digitalpakt für die Justiz erweitern. Wir brauchen schnelle und effiziente Gerichtsverfahren. Gerichtsverhandlungen sollen deshalb auch online geführt werden können. Und wir werden sicherstellen, dass Täter von Hass und Hetze im Netz identifiziert und strafrechtlich belangt werden können.

(Beifall bei den Regierungsparteien)

Meine Damen und Herren, Deutschland ist ein Einwanderungsland. Darum ist es höchste Zeit, dass wir uns auch als Einwanderungs- und Integrationsgesellschaft begreifen. Dazu gehört, dass wir den Weg zur deutschen Staatsangehörigkeit erleichtern.

(Beifall bei den Regierungsparteien sowie der Abg. Janine Wissler [Die Linke])

Nur so ermöglichen wir volle politische Teilhabe und damit bessere Integration. Einbürgerungen werden künftig in der Regel bereits nach fünf Jahren Aufenthalt in Deutschland möglich sein.

(Beifall bei den Regierungsparteien)

Und wir werden die Mehrfachstaatsangehörigkeit ermöglichen. Es entspricht der Lebenswirklichkeit vieler Eingewanderter in unserem Land, dass sie ihre Herkunftsidentität in rechtlicher Hinsicht auch nach der Einbürgerung beibehalten wollen.

(Beifall bei den Regierungsparteien sowie bei Abgeordneten der Linken)

Mit dem Bekenntnis zur Einwanderungsgesellschaft geht einher, dass wir viel stärker als bisher Repräsentanz möglich machen werden. Das gilt gerade in der öffentlichen Verwaltung. Darum werden wir ein Partizipationsgesetz vorlegen, um diesen Anforderungen besser gerecht zu werden.

(Beifall bei Abgeordneten der SPD und der Grünen)

Wir werden eine vernunftgeleitete Migrationspolitik betreiben, die legale Migration befördert und irreguläre Migration reduziert.

(Lachen bei Abgeordneten der AfD)

Dazu gehören zügige Asylverfahren sowie gute Perspektiven für diejenigen, die in Deutschland gut integriert sind.

(Norbert Kleinwächter [AfD]: Sie müssen sich doch gar nicht integrieren für die Staatsbürgerschaft, haben Sie gerade gesagt!)

Dazu gehört aber auch die konsequente Rückführung, besonders im Fall von Straftätern und Gefährdern.

(Beifall bei den Regierungsparteien)

Meine Damen und Herren, nicht selten war unsere Gesellschaft in den vergangenen Jahren moderner als Staat und Regierung. Längst überfällig ist daher die nachholende Modernisierung, die diese Bundesregierung auf den Gebieten der Gleichstellung,

(Beifall bei Abgeordneten der Grünen)

der körperlichen Selbstbestimmung sowie im Familienrecht auf den Weg bringen wird.

(Beifall bei den Regierungsparteien)

Wir werden dafür sorgen, dass unser Familienrecht, unser Personenstands- und Strafrecht in der gelebten Wirklichkeit ankommen.

(Beifall bei den Regierungsparteien)

Wir werden das Institut der Verantwortungsgemeinschaft einführen und das Adoptionsrecht reformieren.

(Beifall bei den Regierungsparteien)

Das Transsexuellengesetz werden wir durch ein Selbstbestimmungsgesetz ersetzen.

(Beifall bei den Regierungsparteien)

Wir wollen, dass Ärztinnen und Ärzte öffentliche Informationen über Schwangerschaftsabbrüche bereitstellen können, ohne eine Strafverfolgung befürchten zu müssen.

(Beifall bei den Regierungsparteien und der Linken)

Daher werden wir den § 219a aus dem Strafgesetzbuch streichen.

(Beifall bei den Regierungsparteien und der Linken)

Und wir sind uns einig: Wir werden den Gleichbehandlungsartikel 3 des Grundgesetzes um ein Verbot der Diskriminierung wegen sexueller Identität ergänzen,

(Beifall bei Abgeordneten der SPD und der Grünen)

und wir werden den Begriff »Rasse« im Grundgesetz ersetzen.

(Beifall bei den Regierungsparteien und der Linken)

Meine Damen und Herren, im kulturellen Leben liegen die Fundamente, auf denen unser Zusammenleben gegründet ist. In ihrer ganzen Vielfalt fördern kulturelle und künstlerische Impulse den Aufbruch, den unsere Gesellschaft jetzt braucht.

(Beifall der Abg. Claudia Roth [Augsburg] [Bündnis 90 / Die Grünen])

Der Kampf gegen die Pandemie hat es nötig gemacht, Entscheidungen zu treffen, die genau dieses kulturelle Leben besonders hart getroffen haben. Umso mehr wird sich die neue Bundesregierung darum kümmern, die soziale Lage der Künstlerinnen und Kreativen zu verbessern und das kulturelle Leben in unserem Land zu einer neuen Blüte zu führen.

(Beifall bei den Regierungsparteien)

Meine Damen und Herren, die Bundesregierung bekennt sich zur europäischen Einigung.

(Zuruf von der AfD: Ach nee!)

Sie wird aber auch hier nicht bei Bekenntnissen stehen bleiben. Das Gelingen Europas ist unser wichtigstes nationales Anliegen.

(Beifall bei den Regierungsparteien)

Europas Einigung wurde betrieben mit dem Ziel des Ausgleichs zwischen früheren Feinden. Sie gründet auf den Erfahrungen der düstersten Kapitel unserer gemeinsamen Geschichte, in denen unser Land so viel Leid über Europa und die Welt gebracht hat. Diese zentrale Mission der

Europäischen Union, die Wahrung des inneren Friedens Europas, hat nichts an ihrer Aktualität verloren.

(Beifall bei den Regierungsparteien)

Nehmen wir dieses kostbare Gut, welches mutige Frauen und Männer über Jahrzehnte aufgebaut haben, niemals als gegeben. Es bedarf unseres andauernden Engagements.

(Beifall bei den Regierungsparteien)

Aber dabei dürfen wir nicht stehen bleiben. Worum geht es heute?

(Zuruf von der AfD)

Wollen wir in einer Welt von bald 10 Milliarden Menschen noch vorkommen, wollen wir gehört werden, wollen wir nicht zum Spielball fremder Mächte werden und wollen wir unseren europäischen Way of Life selbstbewusst verteidigen, dann geht das nur gemeinsam als Europäische Union.

(Beifall bei den Regierungsparteien sowie des Abg. Christian Görke [Die Linke])

Zusammenhalt und Souveränität – das ist die Aufgabe für Europa. Für das Gelingen des souveränen Europas trägt unser Land eine besondere Verantwortung, nicht nur wegen unserer Geschichte. Als größte Volkswirtschaft im Zentrum unseres Kontinents mit einer Geschichte von Teilung und Wiedervereinigung können wir nicht kommentierend am Rand stehen. Das Instrument unserer Europapolitik darf nicht die schnelle innenpolitische Schlagzeile sein. Es muss in der beharrlichen Bereitschaft bestehen, Brücken zu bauen durch beständiges Engagement und Verhandlungen. So haben es meine Vorgängerin und meine Vorgänger gehalten, und das wird auch mein Handeln leiten.

(Beifall bei den Regierungsparteien sowie der Abg.
Yvonne Magwas [CDU] – Zuruf von der SPD: Bravo!
Sehr gut!)

Die europafreundliche Ausrichtung aller demokratischen Parteien in diesem Haus ist keine Selbstverständlichkeit; sie ist ein Schatz. Bei allen Differenzen in der Sache: Lassen Sie uns diesen Schatz bewahren.

(Beifall bei den Regierungsparteien sowie bei Abgeord-
neten der CDU / CSU und der Linken)

Zu Recht erwarten die Bürgerinnen und Bürger, dass Europa handlungsfähiger wird. Wir wollen hierfür die Möglichkeiten des Lissabonner Vertrags nutzen. Es muss zur Regel werden, dass wir in Europa, im Rat, mit qualifizierter Mehrheit entscheiden können,

(Zuruf des Abg. Gerold Otten [AfD])

auch auf den Gebieten, wo das heute nicht der Fall ist. Das ist kein Verlust, das ist ein Gewinn an Souveränität.

(Beifall bei den Regierungsparteien sowie bei Abgeord-
neten der CDU / CSU)

Wir müssen auch immer bereit sein, in Gruppen von Staaten Lösungen auszuprobieren, wenn noch nicht alle so weit sind, so wie wir es bereits bei Schengen gemacht haben, beim Euro oder auch in der Sicherheits- und Verteidigungspolitik.

(Kay Gottschalk [AfD]: Das funktioniert beim Euro ja
auch so gut, Herr Scholz!)

Wir brauchen eine europäische politische Kultur, eine

Kultur des konstruktiven Streits im Sinne eines gemeinsamen Ringens um den besten Weg – respektvoll in Anerkennung unserer sehr unterschiedlichen Geschichte,
der Vielfalt unserer politischen Geographie, aber stets im
Bewusstsein all dessen, was uns als Europäer verbindet.

(Beifall bei den Regierungsparteien)

Europapolitik ist – das ist uns doch allen klar – schon
lange keine Außenpolitik mehr. Europäische Politik betrifft längst den Alltag jeder einzelnen Bürgerin und jedes
einzelnen Bürgers. Europapolitik ist zu einem großen Teil
unserer Innenpolitik geworden.

*(Beifall bei der SPD sowie bei Abgeordneten der Grünen
und der FDP – Zuruf des Abg. Kay Gottschalk [AfD])*

Europa muss zusammenstehen. Jedes europäische Land
hat seine nationalen Interessen; die müssen sie nicht ver-
stecken. Aber alle – und gerade wir – müssen kompro-
missfähig sein. Keine Auseinandersetzung darf den Zusammenhalt Europas oder zentrale Errungenschaften wie
offene Grenzen zwischen den Mitgliedstaaten oder die
gemeinsame Währung infrage stellen. Das europäische
Wiederaufbauprogramm in Reaktion auf die Coronakrise
ist beispielhaft für diese neue Einigkeit Europas in Stunden der Krise.

*(Beifall bei der SPD und der FDP sowie bei Abgeordneten
der Grünen)*

Wir wollen es nutzen, um Europa resilienter und zu-
kunftsfähig zu machen.

Meine Damen und Herren, Europa ist eine wehrhafte

Demokratie, gegründet auf Freiheit, Menschenwürde, Demokratie und Rechtsstaatlichkeit. Alle Mitgliedstaaten haben sich auf diese Werte verpflichtet, als sie unserer Gemeinschaft beitraten. Die Bundesregierung bekennt sich zu diesen Werten, und sie wird bei ihrer Verteidigung klar und eindeutig an der Seite der Europäischen Kommission als der Hüterin der Verträge stehen.

(Beifall bei der SPD, den Grünen und der FDP sowie bei Abgeordneten der CDU / CSU)

Ich freue mich, dass sich der französische Staatspräsident bei seiner jüngsten Rede im Europäischen Parlament ausdrücklich auf unseren Koalitionsvertrag bezogen und Unterstützung für einige unserer Reformvorschläge bekundet hat. Frankreich ist unser engster Verbündeter und die deutsch-französische Freundschaft das unverzichtbare Fundament der Europäischen Union.

(Beifall bei den Regierungsparteien sowie bei Abgeordneten der CDU / CSU)

Die Bundesregierung wird keinen europapolitischen Vorstoß unternehmen ohne engste Konsultationen mit unseren französischen Freunden. Die deutsch-französische Verständigung ist die notwendige Bedingung für Fortschritt in Europa. Aber wir wissen auch: Sie ist noch keine hinreichende Bedingung. Die Zukunft Europas wird weder in Paris noch in Berlin entschieden. Gerade unser Land hat eine besondere Verantwortung, auch die Interessen der östlichen Mitgliedstaaten der Europäischen Union und unserer osteuropäischen Nachbarn mitzudenken. Gerade habe ich mit dem polnischen Ministerpräsidenten über die Lage an der Grenze zu Belarus gesprochen und ihm unsere Solidarität versichert.

(Beifall bei den Regierungsparteien sowie bei Abgeord-neten der CDU / CSU)

Grenzen müssen unantastbar bleiben, und der zynische Missbrauch von Geflüchteten für hybride Attacken auf unsere östlichen Nachbarn muss aufhören; das werden wir beim Europäischen Rat morgen noch einmal bekräftigen.

Wir blicken in diesen Tagen auch mit großer Sorge auf die Sicherheitslage an der russisch-ukrainischen Grenze. Wir werden hierüber beim Europäischen Rat und beim heutigen Gipfel der Östlichen Partnerschaft intensiv beraten. Lassen Sie mich – sollten es noch nicht alle verstanden haben – hier wiederholen, was meine Amtsvorgängerin gesagt hat: Jede Verletzung territorialer Integrität wird einen hohen Preis haben, und wir werden hier mit unseren europäischen Partnern und unseren transatlantischen Verbündeten mit einer Stimme sprechen.

(Beifall bei den Regierungsparteien sowie bei Abgeord-neten der CDU / CSU)

Gleichzeitig sind wir zum konstruktiven Dialog bereit. Vor dem Hintergrund unserer Geschichte muss dies im Verhältnis zu Russland gerade für unser Land gelten.

Gerade wir müssen bereit sein, immer einmal öfter den Versuch der Verständigung zu unternehmen, den Versuch, aus der Eskalationsspirale auszubrechen, so wie es etwa mit dem Normandie-Prozess zeitweilig gelungen ist. Das darf aber nicht missverstanden werden als eine neue deutsche Ostpolitik. Ostpolitik kann im vereinten Europa nur eine europäische Ostpolitik sein.

(Beifall bei den Regierungsparteien)

Diese gründet auf den Prinzipien des Völkerrechts und der europäischen Friedensordnung, auf die sich auch Russland verpflichtet hat und die es mit der Annexion der Krim so schwerwiegend verletzt hat.

Wir werden uns als Europäische Union nicht spalten lassen. Das gilt auch mit Blick auf Länder, deren Systeme nicht demokratisch sind; etwa China mit seinem rasanten Aufstieg zur Technologie- und Militärmacht. Die chinesische Führung vertritt ihre Interessen mit großem Selbstbewusstsein. Deutschland und Europa haben allen Grund, unsere Interessen ebenso selbstbewusst und engagiert zu vertreten. Wir müssen unsere China-Politik an dem China ausrichten, das wir real vorfinden.

(Beifall bei den Regierungsparteien)

Das heißt auch, dass wir unsere Augen nicht verschließen vor der kritischen Menschenrechtslage und Verstöße gegen universelle Normen beim Namen nennen. Das ändert nichts daran, dass ein Land von der Größe und Geschichte Chinas einen zentralen Platz im internationalen Konzert der Völker hat. Deshalb bieten wir China Zusammenarbeit an bei Menschheitsherausforderungen wie der Klimakrise, der Pandemie oder der Rüstungskontrolle. Wir bieten China einen fairen wirtschaftlichen Wettbewerb zu beiderseitigem Nutzen an, mit gleichen Spielregeln für alle.

Deutschland und Europa investieren in unsere eigene politische, wirtschaftliche und technologische Stärke. Wir nutzen die Stärke eines geeinten Europas und des Binnenmarkts, um für faire Wettbewerbsbedingungen für unsere Unternehmen einzutreten und auch global den Wettbewerb aufzunehmen.

Meine Damen und Herren, unser wichtigster Partner hierbei sind die Vereinigten Staaten. Mit Präsident Biden eint mich die Überzeugung, dass die liberalen Demokratien der Welt neu beweisen müssen, dass sie die besseren, die faireren und die gerechteren Antworten auf die Herausforderungen des 21. Jahrhunderts liefern können.

(Beifall bei der SPD und der FDP sowie bei Abgeordneten der Grünen – Norbert Kleinwächter [AfD]: Sie müssen erst mal beweisen, dass sie liberal sind!)

Das gilt für jedes einzelne Land; das gilt aber auch für das Verhältnis der Länder untereinander.

Der Multilateralismus ist herausgefordert und muss sich neu beweisen. Deshalb wird sich die Bundesregierung immer für die multilaterale Zusammenarbeit und ihre Institutionen starkmachen. Die deutsch-amerikanische Freundschaft und die NATO sind das unverzichtbare Fundament unserer Sicherheit. Unsere Soldatinnen und Soldaten leisten einen unentbehrlichen Beitrag zum Schutz unseres Landes, für Frieden und internationale Sicherheit. Sie können sich auf die Bundesregierung und auf dieses Parlament verlassen.

(Beifall bei der SPD und der FDP sowie bei Abgeordneten der CDU / CSU und der Grünen)

Wir werden morgen auf dem Europäischen Rat erstmals

über ein neues sicherheitspolitisches Grundlagendoku-
ment sprechen, den sogenannten Strategischen Kom-
pass. Deutschland wird sich an dieser Diskussion aktiv
beteiligen, ebenso wie an der Überarbeitung des neuen
strategischen Konzepts der NATO, das auf dem Gipfel
im nächsten Jahr verabschiedet werden wird. Wir werden
investieren, um – in enger Abstimmung mit unseren Partnern – die NATO-Fähigkeitsziele zu erreichen. Für uns
ist wichtig: Europäische Sicherheit und transatlantische
Sicherheit gehen Hand in Hand.

*(Beifall bei der SPD und der FDP sowie bei Abgeordneten
der CDU / CSU und der Grünen)*

Deutschland unterstützt deshalb eine neue EU-NATO-
Erklärung, die wir nun rasch verabschieden wollen; auch
dazu wollen wir uns beim Europäischen Rat beraten.

Frau Präsidentin, meine Damen und Herren, zu Beginn
der zwanziger Jahre unseres Jahrhunderts stehen wir vor
großen Aufgaben und vor großen Veränderungen. Die
Bürgerinnen und Bürger in unserem Land wissen das. Ich
habe eingangs dieser Rede die große Frage zitiert, die ich
immer wieder gestellt bekomme: Geht das alles gut aus,
für meine Familie, für meine Kinder, für ganz normale
Leute wie mich? – Meine Antwort, die Antwort der Bundesregierung, ist sehr klar: Ja, das kann gut ausgehen, und
ja, das wird auch gut ausgehen. Wir nehmen die Herausforderung unserer Zeit an, und wir sind zuversichtlich:
Wir werden sie bewältigen;

(Beifall bei den Regierungsparteien)

nicht weil wir die Probleme unterschätzten, sondern

weil wir einen präzisen Plan dafür haben, wie wir sie lösen können und wie es gut werden kann. Das moderne Deutschland, unser Deutschland, ist ein starkes Land. Wir alle gemeinsam haben nicht den geringsten Grund, uns vor der Zukunft zu fürchten – ganz im Gegenteil.

Wenn wir zusammenhalten in einer solidarischen Gesellschaft des Respekts, wenn wir uns ehrgeizige Ziele setzen und dem Fortschritt die richtige Richtung geben, wenn wir den Aufbruch jetzt entschlossen beginnen, dann werden wir nicht nur die Corona-Pandemie hinter uns lassen, dann werden wir Deutschen auch gemeinsam erfolgreich sein. Und dann werden die Bürgerinnen und Bürger am Ende dieses Jahrzehnts sagen: Ja, es geht gut aus, es geht gut aus für mich, es geht gut aus für meine Familie und für unser Land. – Das ist das Ziel dieser Bundesregierung. Dafür arbeiten wir mit all unserer Kraft, und mit dieser Arbeit fangen wir jetzt an.

Vielen Dank.

(Beifall bei den Regierungsparteien – Die Abgeordneten der SPD, der Grünen und der FDP erheben sich)

GERHARD SCHRÖDER

(1998–2005)

Ergebnis der Bundestagswahl vom 27. September 1998:

SPD: 40,9 %, 298 Sitze
CDU / CSU: 35,1 %, 245 Sitze
Grüne: 6,7 %, 47 Sitze
FDP: 6,2 %, 43 Sitze
PDS: 5,1 %, 36 Sitze

Gerhard Schröder konnte sich bei der Bundestagswahl 1998 als erster Kandidat seit Gründung der Bundesrepublik gegen einen amtierenden Kanzler durchsetzen und dessen Regierung komplett ablösen. Es wäre das sechste Kabinett Helmut Kohls gewesen, noch in der Wahlnacht trat er als CDU-Vorsitzender zurück. Mit ihm ging eine Ära zu Ende, sechzehn Jahre war er Kanzler gewesen, seit 1973 hatte er den Vorsitz seiner Partei inne. Das Wahlergebnis der Union war das schlechteste seit der ersten Bundestagswahl 1949. Die SPD hingegen stellte zum ersten Mal seit 1972 wieder die stärkste Fraktion im Parlament. Schröder wurde mit 351 Stimmen gewählt, obwohl seine Koalition mit den Grünen nur 345 Sitze hatte. Die PDS konnte erstmals mehr als fünf Prozent erreichen, nachdem sie bislang nur über Direktmandate im Bundestag vertreten gewesen war. Mit der Regierung Schröder gelangten die Grünen erstmals in Regierungsverantwortung.

Das Duo Gerhard Schröder / Oskar Lafontaine, das der SPD zum Wahlsieg verholfen hatte, zerbrach schon bald nach der Wahl an Fragen der wirtschaftspolitischen Ausrichtung.

Regierungserklärung von Bundeskanzler Gerhard Schröder vor dem Deutschen Bundestag in Bonn am 10. November 1998

Herr Präsident! Meine sehr verehrten Damen und Herren! Erstmals in der Geschichte der Bundesrepublik Deutschland haben die Wählerinnen und Wähler durch ihr unmittelbares Votum einen Regierungswechsel herbeigeführt.

(Beifall bei der SPD sowie bei Abgeordneten der Grünen)

Sie haben Sozialdemokraten und Bündnis 90 / Die Grünen beauftragt, Deutschland in das nächste Jahrtausend zu führen. Dieser Wechsel ist Ausdruck demokratischer Normalität und Ausdruck eines gewachsenen demokratischen Selbstbewusstseins. Ich denke, meine sehr verehrten Damen und Herren, wir können alle stolz darauf sein, dass die Menschen in Deutschland rechtsradikalen und fremdenfeindlichen Tendenzen eine deutliche Abfuhr erteilt haben.

(Beifall bei den Regierungsparteien und der PDS sowie bei Abgeordneten der FDP)

An dieser Stelle möchte ich noch einmal meinem Vorgänger im Amt, Herrn Dr. Helmut Kohl, für seine Arbeit und für seine noble Haltung bei der Amtsübergabe danken.

Vor uns liegen gewaltige Aufgaben. Die Menschen erwarten, dass eine bessere Politik für Deutschland gemacht wird. Wir wissen: Ökonomische Leistungsfähigkeit ist der Anfang von allem. Wir müssen Staat und Wirtschaft modernisieren, soziale Gerechtigkeit wiederherstellen und sie sichern, das europäische Haus wirtschaftlich, sozial und politisch so ausbauen, dass die gemeinsame Währung ein Erfolg werden kann. Wir müssen die innere Einheit Deutschlands vorantreiben; und vor allem und bei allem: Wir müssen dafür sorgen, dass die Arbeitslosigkeit zurückgedrängt wird, dass bestehende Arbeitsplätze erhalten bleiben und neue Beschäftigung entsteht.

(Beifall bei den Regierungsparteien sowie bei Abgeordneten der PDS)

Dafür brauchen wir neue Unternehmen, neue Produkte, neue Märkte und vor allen Dingen schnellere Innovation. Wir brauchen eine bessere Ausbildung und eine Steuer- und Abgabenpolitik, die vor allem die Kosten der Arbeit entlastet.

Diese Bundesregierung wird die Probleme schultern, und sie wird die schöpferischen Kräfte, die es in unserem Land überreich gibt, mobilisieren.

Die Bedingungen, unter denen wir an den Start gehen, sind alles andere als günstig.

(Lachen bei der CDU / CSU und der FDP – Beifall bei den Regierungsparteien)

Entgegen dem, was gelegentlich von der Opposition im

Haus verbreitet wird, hat uns die alte Bundesregierung keineswegs ein bestelltes Haus hinterlassen.

(Beifall bei den Regierungsparteien sowie der Abg.
Dr. Heidi Knake-Werner [PDS] – Lachen bei der
CDU / CSU)

Das Ergebnis unseres vorläufigen Kassensturzes zeigt den Ernst der finanzpolitischen Lage.

(Lachen bei der CDU / CSU und der FDP)

Die Verschuldung des Bundes ist auf weit über 1 Billion D-Mark getrieben worden. Der laufende Bundeshaushalt ist mit Zinsverpflichtungen von mehr als 80 Milliarden D-Mark belastet. Das heißt, jede vierte Mark, die der Bund an Steuern und Abgaben einnimmt, muss für diese gewaltigen Zinslasten ausgegeben werden. Hinzu kommt – ich muss das sagen, auch wenn es Ihnen nicht passt –: Milliardenschwere Haushaltsrisiken wurden ignoriert;

(Beifall bei Abgeordneten der SPD)

Einnahmen wurden zu hoch veranschlagt; Ausgaben wurden zu niedrig veranschlagt: Jahrelang hat man den Haushalt nur durch Einmaleffekte ausgeglichen. Deren Wirkung ist gleich wieder verpufft. Die großen Haushaltslasten aber, die schwerwiegenden strukturellen Probleme des Bundeshaushaltes, hat man einfach in die Zukunft verlagert.

(Dr. Theodor Waigel [CSU]: Wie sieht es denn in
Niedersachsen aus?)

Nach den jetzt ermittelten Zahlen müsste die jährliche Neuverschuldung mittelfristig um bis zu 20 Milliarden

D-Mark höher ausgewiesen werden, als Sie, Herr Waigel, das im Finanzplan gemacht haben. Das ist Ihr Problem, und das belastet jeden, der damit fertigwerden muss.

(Beifall bei den Regierungsparteien)

Meine Damen und Herren, das kann und will ich nicht akzeptieren. Deshalb sage ich gleich am Anfang dieser Regierungserklärung: Diese finanzielle Erblast, die uns hinterlassen worden ist, zwingt uns zu einem entschlossenen Konsolidierungskurs.

(Beifall bei den Regierungsparteien – Lachen bei der CDU / CSU und der FDP)

Wir werden angesichts dessen, was wir vorgefunden haben, um strukturelle Eingriffe nicht herumkommen. Alle Ausgaben des Bundes müssen auf den Prüfstand.

(Zurufe von der CDU / CSU: Ah ja! – So, so!)

Der Staat muss zielgenauer und vor allen Dingen wirtschaftlicher handeln.

Der Missbrauch staatlicher Leistungen muss eingedämmt werden. Subventionen und soziale Leistungen werden wir stärker als bisher auf die wirklich Bedürftigen konzentrieren.

(Beifall bei der FDP)

Die Bürgerinnen und Bürger erwarten von uns nicht, dass wir alles in kurzer Zeit schaffen. Aber sie haben einen Anspruch darauf, dass wir nicht nur reden – wie das bisher getan worden ist –, sondern auch handeln.

(Beifall bei den Regierungsparteien – Lachen bei der CDU / CSU und der FDP)

Wir haben gesagt: Wir wollen nicht alles anders, aber vieles besser machen. Daran werden wir uns halten. Das sagen wir denen, die heute die Schlachten des Wahlkampfes noch einmal schlagen wollen. Das scheint auch auf der rechten Seite des Hauses so zu sein. Nur, besonders erfolgreich sind Sie nicht gewesen. Das werden Sie zugeben müssen.

(Beifall bei den Regierungsparteien sowie bei Abgeordneten der PDS)

Da gibt es diejenigen, die schon wieder Schwarzmalerei betreiben und diesen lähmenden Pessimismus verbreiten, der unser Land lange genug gehindert hat, die nötigen Schritte zur Anpassung an die Wirklichkeit zu tun. Aber das rufen wir auch denjenigen zu, die meinen, das jetzt Beschlossene gehe nicht weit genug.

Wir wollen die Gesellschaft zusammenführen, die tiefe soziale, geographische, aber auch gedanklich-kulturelle Spaltung überwinden, in die unser Land geraten ist.

(Beifall bei Abgeordneten der SPD)

Wir werden Deutschland entschlossen modernisieren und die innere Einheit vorantreiben. Voraussetzung dafür ist eine schonungslose Beurteilung der Lage, aber auch und vor allem das Besinnen auf die Stärken der Menschen in unserem Land und das Zutrauen darauf, dass wir es schaffen können.

Dieser Regierungswechsel ist auch ein Generationswechsel im Leben unserer Nation. Mehr und mehr wird unser Land heute gestaltet von einer Generation, die den Zweiten Weltkrieg nicht mehr unmittelbar erlebt hat. Es wäre nun gefährlich, dies als einen Ausstieg aus unserer historischen Verantwortung misszuverstehen. Jede Generation hinterlässt der ihr nachkommenden Hypotheken, und niemand kann sich mit der »Gnade« einer »späten Geburt« herausreden.

(Beifall bei den Regierungsparteien sowie bei Abgeordneten der PDS)

Für manche ist dieser Generationswechsel eine große Herausforderung. Schon ein Blick auf die Regierungsbank oder auch in dieses Parlament zeigt, was die große Mehrheit unter uns politisch geprägt hat. Es sind die Biographien gelebter Demokratie.

Wir haben den kulturellen Aufbruch aus der Zeit der Restauration miterlebt und mitgemacht. Viele von uns waren in den Bürgerbewegungen der siebziger und achtziger Jahre engagiert. Die ehemaligen Bürgerrechtsgruppen aus der DDR, die gemeinsam mit den ostdeutschen Sozialdemokraten die friedliche Revolution mitgestaltet haben,

(Widerspruch bei Abgeordneten der CDU / CSU)

sind an dieser Regierung beteiligt.

(Beifall bei den Regierungsparteien)

Diese Generation steht in der Tradition von Bürgersinn und Zivilcourage. Sie ist aufgewachsen im Aufbegehren gegen autoritäre Strukturen und im Ausprobieren neuer gesellschaftlicher und politischer Modelle. Jetzt ist sie – und mit ihr die Nation – aufgerufen, einen neuen Pakt zu schließen, gründlich aufzuräumen mit Stagnation und Sprachlosigkeit, in die die vorherige Regierung unser Land geführt hat.

(Beifall bei der SPD sowie bei Abgeordneten der Grünen und der PDS)

An ihre Stelle setzen wir eine Politik, die die Eigenverantwortlichkeit der Menschen fördert und sie stärkt. Das verstehen wir unter der Politik der Neuen Mitte.

Diesen Weg werden wir partnerschaftlich beschreiten. Jeder im In- und Ausland kann sich darauf verlassen, dass diese Regierung zu ihrer politischen, aber eben auch zu ihrer sozialen Verantwortung steht. Die Hoffnungen, die auf uns ruhen, sind fast übermächtig.

(Lachen bei Abgeordneten der CDU / CSU)

Aber eine Regierung allein kann das Land nicht verbessern. Daran müssen alle mittun. Je mehr Menschen sich mit ihrer Initiative und ihrer Leistungsbereitschaft an der Reform unserer Gesellschaft beteiligen, desto größer werden die Erfolge sein.

Den Menschen in Deutschland mangelt es nicht an schöpferischen Kräften. Wir werden helfen, sie zur Entfaltung zu bringen.

(Beifall bei den Regierungsparteien)

Meine Damen und Herren, es ist kein Zweifel: Unser drängendstes und auch schmerzhaftestes Problem bleibt die Massenarbeitslosigkeit. Sie führt zu psychischen Zerstörungen, zum Zusammenbruch von Sozialstrukturen. Den einen nimmt sie die Hoffnung, und den anderen macht sie Angst. Sie belastet unser Gemeinwesen derzeit mit Kosten von jährlich 170 Milliarden D-Mark.

Die Bundesregierung ist sich völlig im Klaren darüber,

dass sie ihre Wahl wesentlich der Erwartung verdankt, die Arbeitslosigkeit wirksam zurückdrängen zu können. Genau dieser Herausforderung werden wir uns stellen.

(Beifall bei den Regierungsparteien sowie bei Abgeordneten der PDS)

Jede Maßnahme, jedes Instrument kommt auf den Prüfstand, um festzustellen, ob es vorhandene Arbeit sichert oder neue Arbeit schafft. Wir wollen uns jederzeit – nicht erst in vier Jahren – daran messen lassen, in welchem Maße wir zur Bekämpfung der Arbeitslosigkeit beitragen. Die Steuerreform, mit der wir in diesen Tagen beginnen, ist dazu ein erster Schritt. Wir werden nicht weitere sechzehn Jahre über die Notwendigkeit einer Steuerreform reden und das Für und Wider der Interessengruppen abwägen. Nein, meine Damen und Herren, wir machen diese Steuerreform.

(Beifall bei den Regierungsparteien)

Die Reform basiert auf der Einsicht in die ökonomischen Notwendigkeiten. Sie verbindet modernen Pragmatismus mit einem starken Sinn für soziale Fairness. Im Mittelpunkt steht die Entlastung der aktiv Beschäftigten und ihrer Familien sowie der kleinen und mittleren Unternehmer.

(Siegfried Hornung [CDU]: Wann?)

Deren Innovationskraft wollen und werden wir stärken.

(Beifall bei den Regierungsparteien)

Beides zusammen wird helfen, Arbeitslosigkeit abzubauen, neue Arbeitsplätze zu schaffen und bestehende zu sichern.

Unsere Steuerreform erschließt Entlastungen von insgesamt 57 Milliarden D-Mark.

(Siegfried Hornung [CDU]: Wann?)

Nach der Gegenfinanzierung bleiben Bürgerinnen und Bürgern sowie Unternehmen 15 Milliarden D-Mark als Nettoentlastung. Die Einkommensteuersätze werden nachhaltig gesenkt, das Kindergeld wird erhöht. Über die Legislaturperiode betrachtet wird das einer durchschnittlich verdienenden Familie mit zwei Kindern eine Nettoentlastung von 2700 D-Mark im Jahr bringen.

(Beifall bei den Regierungsparteien)

Steuerschlupflöcher werden wir stopfen, ungerechtfertigte Vergünstigungen werden wir abbauen. Das macht deutlich, dass wir die Lasten in unserer Gesellschaft gerechter verteilen.

(Beifall bei den Regierungsparteien)

Wir werden auch die Unternehmensbesteuerung grundlegend reformieren. Unternehmenseinkünfte sollen mit höchstens 35 Prozent besteuert werden.

(Michael Glos [CSU]: Ja, am Sankt-Nimmerleins-Tag!)

Dafür schaffen wir jetzt die gesetzlichen Voraussetzungen. Wir entlasten damit den Mittelstand, dem – ich sage es noch einmal – eine Schlüsselrolle bei der Schaffung von Arbeitsplätzen zukommt.

(Beifall bei den Regierungsparteien)

Meine Damen und Herren, auch sonst haben wir entgegen dem, was gelegentlich verbreitet wird, die Anliegen des Mittelstandes berücksichtigt.

(Lachen bei der FDP)

Der Verlustvortrag bleibt erhalten. Ein einjähriger Verlust-rücktrag bleibt ebenfalls noch für Verluste, die 1999 und 2000 entstehen und nicht mehr als 2 Millionen D-Mark betragen. Die Wiederanlage von Gewinnen aus der Veräußerung von Grund und Boden und Gebäuden wird wie bisher nach § 6 b Einkommensteuergesetz begünstigt.

Die Sonder- und Ansparabschreibungen für die Existenz-gründer können unverändert in Anspruch genommen werden. Für kleine und mittlere Betriebe bleiben sie bis zum Jahr 2000 erhalten.

Die Tarifermäßigung für Veräußerungsgewinne wird durch rechnerische Verteilung des Gewinns nur umgestal-tet; sie wird nicht gestrichen. Damit werden zwar – das gilt es einzuräumen – Verlustzuweisungsmodelle ein-gedämmt, aber für die Betriebsnachfolge wird das keine Verschlechterung bedeuten.

Wir werden – das ist schon an unseren ersten Schritten sichtbar – das Steuerrecht transparenter

(Lachen bei der CDU / CSU)

und damit effizienter machen.

(Beifall bei der SPD sowie bei Abgeordneten der Grünen)
Überflüssige Steuersubventionen sollen abgeschafft und wertvolle Steuergelder nicht länger in unsinnigen Steuer-sparmodellen verschwendet werden.

(Beifall bei den Regierungsparteien sowie bei Abgeord-neten der PDS)

Lassen Sie mich, meine Damen und Herren, einen Satz zu der im Koalitionsvertrag angekündigten umfassenden Verbreiterung der Bemessungsgrundlage sagen. Interessierte Kreise haben ja so getan, als wollten wir mit unserer Steuerreform den Unternehmern buchstäblich die Butter vom Brot nehmen. Dazu ist zu sagen, dass in den vergangenen Jahren nur einige wenige von Steuerentlastungen profitiert haben. Die große Mehrheit hat unter Steuerbelastungen leiden müssen. Jede vernünftige Steuerreform hat diesen von Ihnen verursachten Trend erst einmal zu stoppen.

(Beifall bei den Regierungsparteien)

Inzwischen melden sich – und das ist gut so – immer mehr Ökonomen und weitsichtige Unternehmer zu Wort, die sehen, dass diese Steuerreform für sie eine große Chance ist. Sie sehen die Perspektive, die wir mit unseren schrittweisen Entlastungen aufzeigen. Ich habe überhaupt keine Scheu, den Begriff »schrittweise« dick zu unterstreichen. Für die Betroffenen im Land ist es nämlich besser, sie bekommen schrittweise etwas in die Hand, als dass sie über Jahrzehnte lediglich mit Redereien vertröstet werden. In der Tat unterscheiden wir uns, was das Machen von Politik angeht.

(Beifall bei den Regierungsparteien)

Die Menschen im Land sehen die Trendwende, die wir eingeleitet haben: Entlastung und Vereinfachung statt wie bisher immer höhere Sätze und immer weniger Transparenz. Ich denke, alle diejenigen, die sich wirklich mit inhaltlichen Fragen beschäftigen, nehmen bereitwillig unsere Einladung an, in einer gemeinsamen Kommission über die Strukturreform des Steuerrechtes begleitend zu beraten.

Eines will ich allerdings denen, die uns in den letzten Wochen mit schrillsten Vorwürfen überzogen haben, sagen: Niedrige und einfache Steuersätze wie zum Beispiel in den USA zu wollen, gleichzeitig aber an einer hohen Zahl von Ausnahmetatbeständen wie bisher in Deutschland festzuhalten, das geht nicht.

(Beifall bei den Regierungsparteien sowie bei Abgeordneten der PDS)

Wir werden – das ist Teil des Konzeptes zur Entlastung der aktiv wirtschaftlich Tätigen – die Nutzung der wirtschaftlichen Ressourcen endlich marktwirtschaftlicher Vernunft unterwerfen. Deshalb steigen wir sofort in eine ökologische Steuer- und Abgabenreform ein. Wir vollziehen damit, meine sehr verehrten Damen und Herren, eine längst überfällige Kehrtwende. Natur und Energie als endliche und mithin knappe Güter werden über den Preis verteuert mit dem einzigen Ziel, Arbeit, die reichlich vorhanden ist, billiger zu machen, damit mehr Menschen Arbeit haben.

(Beifall bei den Regierungsparteien)

Ich unterstreiche es auch hier noch einmal: Es geht uns nicht um die Erschließung einer weiteren Einnahmequelle für den Staat.

(Lachen bei der CDU / CSU und der FDP)

Mit der Energiebesteuerung folgen wir dem Beispiel unserer Nachbarn in Dänemark, den Niederlanden und Österreich. Wir lösen damit die Probleme einer modernen Gesellschaft mit den Mitteln einer modernen Gesellschaft.

(Beifall bei den Regierungsparteien)

Die Einnahmen – das ist der Kernpunkt – aus der Energiesteuer verwenden wir nur zur Senkung der gesetzlichen Lohnnebenkosten. Mit den Anreizeffekten der Energiesteuer fördern wir die Schaffung neuer Arbeitsplätze in nachhaltigen Zukunftstechnologien. Gerade bei den Lohnnebenkosten ist über die Jahre hinweg über die Notwendigkeit ihrer Senkung geredet worden. Unter der alten Regierung sind sie Jahr für Jahr gestiegen. Wir machen damit Schluss, meine Damen und Herren.

(Beifall bei den Regierungsparteien)

Damit führen wir im Rahmen dessen, was europäisch machbar und – auch das gilt es zu erkennen – sozial vertretbar ist, Marktwirtschaft in die Ressourcennutzung ein. Wir setzen dabei auf die Beschäftigungseffekte einer zukunftsorientierten Produktion.

Das ist für uns moderne Steuer- und Wirtschaftspolitik. Wir streiten eben nicht um die Scheinalternative: Angebots- oder Nachfrageorientierung. Dieser Streit führt nämlich zu nichts. Angebots- und Nachfrageorientierung stehen nicht im Widerspruch zueinander. Wir brauchen eine Nettoentlastung der Haushalte zur Belebung der Binnenkonjunktur, damit die Menschen auch kaufen können, was die Wirtschaft herstellt.

(Beifall bei der SPD sowie bei Abgeordneten der Grünen)

Durch Marktöffnung und Entbürokratisierung, durch die Förderung von Innovation und Zukunftsindustrien verbessern wir die Angebotsbedingungen für Produkte, neue

Märkte und neue Verfahren. Beides gehört zusammen. Das eine gegen das andere auszuspielen ist töricht.

(Beifall bei der SPD sowie bei Abgeordneten der Grünen)

Wir müssen alle miteinander lernen, die Dinge zu verknüpfen und in solchen Zusammenhängen zu denken: Wir stehen nicht für eine rechte oder linke Wirtschaftspolitik, sondern für eine moderne Politik der sozialen Marktwirtschaft.

(Lachen bei Abgeordneten der CDU / CSU und der FDP)

Die Bundesregierung macht endlich wieder Wirtschaftspolitik. Wir eröffnen den Menschen die Perspektive der Selbstständigkeit. Wer eine Existenz gründen, eine gute Idee vermarkten will, dem werden wir nach Kräften helfen. Wir wissen, dass unsere Banken bei der Bereitstellung von Geld für Unternehmensgründungen immer noch zu zögerlich sind. Sie nennen das Risikokapital. Für uns ist das Chancenkapital, das Unternehmensgründern helfen soll. Darauf legen wir Wert.

(Beifall bei der SPD sowie bei Abgeordneten der Grünen)

Neuesten Umfragen zufolge gibt heute mehr als die Hälfte derer, die demnächst die Schule oder die Universität abschließen werden, als Ziel die berufliche Selbstständigkeit an. Das wäre vor gar nicht so langer Zeit noch undenkbar gewesen. Aber die neue Gründerzeit – das ist auch gut so – hat längst begonnen. Wir als Regierung haben ihre Zeichen begriffen, und wir werden dafür Zeichen setzen. Wir werden dies vor allem für den Mittelstand tun. Moderne Mittelstandspolitik ist für uns: weniger Bürokratie, schnellere Innovation, besserer Zugang zu den neuen

Technologien, effizientere Vermarktung sowie Hilfe und Unterstützung auf internationalen Märkten. Dies wird Kennzeichen einer mittelstandsorientierten Politik der neuen Bundesregierung sein.

(Beifall bei der SPD sowie bei Abgeordneten der Grünen)

Ich habe darauf hingewiesen, dass das auch für die Entlastung von Steuern und Abgaben gilt.

Im Übrigen: Wenn wir in der Altersvorsorge mehr private Vorsorge wollen, dann müssen wir die Nettoeinkommen auch so entlasten, dass sich die Menschen diese private Vorsorge buchstäblich leisten können, sonst funktioniert das nämlich nicht.

(Beifall bei Abgeordneten der SPD)

Wenn wir die Leistungsbereitschaft der Menschen fördern wollen, dann müssen wir dafür sorgen, dass sich Leistung auszahlt.

(Beifall bei Abgeordneten der CDU / CSU und der FDP)

Meine Damen und Herren von der FDP, das Problem besteht darin, dass Sie Leistung immer nur als die Leistung ganz weniger ganz oben verstehen.

(Beifall bei den Regierungsparteien)

Wir verstehen Leistung in erster Linie als Leistung der Krankenschwestern, der Ingenieure, als Leistung der Facharbeiterinnen und Facharbeiter.

(Beifall bei Abgeordneten der FDP)

Die werden wir entlasten, meine Damen und Herren, auf sie kommt es nämlich in dieser Zeit und in diesem Land an.

*(Beifall bei den Regierungsparteien sowie bei Abgeord-
neten der FDP)*

Das meinen wir, wenn wir von einer neuen Politik sprechen, einer Politik, die eben nicht in Kästchen denkt, sondern die die Probleme im Zusammenhang begreift.

Deshalb sage ich: Unsere Steuerreform ist ein guter Anfang.

(Beifall bei der SPD sowie bei Abgeordneten der Grünen)

Aber damit ist das Ziel eines überschaubaren und leistungsgerechten Steuersystems nicht erreicht. Dieses Ziel
werden wir Schritt für Schritt verwirklichen, und Sie werden jeden einzelnen Schritt aufmerksam und sicher auch
kritisch begleiten dürfen – aber aus der Opposition heraus,
meine Damen und Herren.

(Beifall bei den Regierungsparteien)

In den zurückliegenden Jahren ist viel über die Vor- und
Nachteile des sogenannten Standorts Deutschland dis-
kutiert worden. Der Begriff ist ein wenig verräterisch:
»Standort«, das kann auch – und das war es ja auch in der
letzten Zeit – »Stillstand-Ort« sein. Wir machen dieses
Land wieder zu einem Bewegungs-Ort.

Meine Damen und Herren, wir werden mit der Energiewirtschaft und den Umweltverbänden neue Wege der
Energieversorgung beschreiten.

(Beifall bei den Regierungsparteien)

Die Nutzung der Kernenergie ist gesellschaftlich nicht
akzeptiert.

*(Beifall bei den Regierungsparteien – Widerspruch bei
der CDU / CSU)*

Sie ist mithin auch volkswirtschaftlich nicht vernünftig. Das ist der Grund, warum wir sie geregelt auslaufen lassen werden.

(Beifall bei Abgeordneten der Regierungsparteien)

Für die Bundesregierung steht dabei nicht ein Ausstieg im Mittelpunkt. Es geht vielmehr um den Einstieg in eine zukunftsfähige Energieversorgung.

(Beifall bei Abgeordneten der SPD)

Der Anteil der Kernenergie wird schrittweise reduziert und schließlich ganz ersetzt.

(Zuruf von der CDU / CSU: Wann?)

Dies, meine Damen und Herren, ist ein gewaltiges Investitionsprogramm, das auch und gerade neue Arbeitsplätze in diesen Bereichen schaffen wird.

(Beifall bei den Regierungsparteien)

Dabei setzen wir vor allem auf die Innovations- und Entwicklungspotenziale bei den erneuerbaren Energien. Wir setzen auf eine konsequente Nutzung der Einsparmöglichkeiten: bei der Stromerzeugung, bei elektrischen Geräten, bei den Gebäuden, aber auch im Straßenverkehr. Mit der Energiewirtschaft werden wir auskömmliche Lösungen zu einer Zukunft ohne Atomkraftwerke vereinbaren.

Die Koalitionspartner sind sich darin einig, dass die Beendigung der Kernenergienutzung im Konsens erfolgen soll – ohne dass es zu Regressansprüchen kommt. Aus den Gesprächen der vergangenen Jahre wissen wir, dass wir zu einer einvernehmlichen Lösung kommen können. Sie ist

an dem Widerstand – dem unverständlichen Widerstand –
auf der rechten Seite dieses Hauses gescheitert.

(Beifall bei den Regierungsparteien)

Das Problem der Entsorgung radioaktiver Abfälle – das
gilt es zu erkennen – bleibt uns und unseren Nachkom-
men allerdings noch auf Jahrtausende erhalten.

Das bisherige Entsorgungskonzept ist inhaltlich gescheitert. Wir werden stattdessen einen nationalen Entsor-
gungsplan erarbeiten. Entsorgung wird auf direkte End-
lagerung beschränkt werden.

(Beifall bei Abgeordneten der Regierungsparteien)

Atommülltransporte quer durch die Republik, die nur
durch massiven Polizeischutz zu sichern sind, passen nicht
zu einer auf Konsens und Zukunftsfähigkeit ausgerichte-
ten Demokratie.

*(Beifall bei den Regierungsparteien sowie bei Abgeord-
neten der PDS)*

Allerdings gilt es hier zu bedenken, dass die vorherigen
Regierungen völkerrechtlich bindende Verträge über die
Rücknahme atomarer Abfälle abgeschlossen haben. Auch
das müssen wir mit unseren Partnern in England und Frankreich einvernehmlich regeln. Wir wollen solche Transporte
nur noch dann zulassen, wenn am Kraftwerk selbst keine
genehmigten Zwischenlagerkapazitäten existieren.

In einem neuen Energiemix werden wir auch Steinkohle
und Braunkohle brauchen. Dabei drängen wir auf die
Verwendung modernster Technik mit hohen Wirkungs-
graden und auf eine bessere Nutzung von Fernwärme
und Kraft-Wärme-Kopplung.

(Beifall bei Abgeordneten der SPD)

Den Kohlekompromiss vom März 1997 werden wir umsetzen und in Brüssel absichern. Bei der sozial verträglichen Neustrukturierung des deutschen Kohlebergbaus brauchen wir rechtzeitig eine Orientierung auch für die Zeit nach dem Jahre 2005. Es geht uns auch hier darum, Planungssicherheit für die Unternehmen und materielle Sicherheit für die Beschäftigten zu schaffen.

Die Klimaforscher und die vorbildlichen Unternehmen, die vor ein paar Tagen mit dem Bundesumweltpreis ausgezeichnet worden sind, haben der Politik ins Stammbuch geschrieben – wir werden das beachten –: Gerade beim Klimaschutz dürfen die Verantwortlichen nicht auf Erkenntnisse über weitere Schädigungen unserer Umwelt warten; sie müssen aktive Vorsorge treffen. Wir werden das tun.

(Beifall bei den Regierungsparteien)

Meine Damen und Herren, der Staat und die verschiedenen Wirtschaftszweige müssen ihre Zusammenarbeit verbessern, um auf diese Weise Synergieeffekte besser nutzen zu können. Wo die Bundesregierung das Ihrige dazu tun kann, da wird sie es tun.

Wir werden die Verwaltung schlanker und effizienter machen, und wir werden hemmende Bürokratie rasch beseitigen. Beispielsweise werden wir die Vielzahl verschiedener Umweltbestimmungen in einem Umweltgesetzbuch zusammenfassen. Dabei werden wir überflüssige Vorschriften streichen und auf diese Weise die Regelungsdichte vermindern.

(Beifall bei Abgeordneten der Regierungsparteien)

Eine grundlegende Justizreform werden wir zügig in Angriff nehmen. Unsere Zivil- und Strafjustiz ist heute noch aufgebaut wie vor hundert Jahren. Sie muss entschlackt und sie muss modernisiert werden. Die Bürgerinnen und Bürger wollen und sollen schneller zu ihrem Recht kommen, und die Gerichte müssen entlastet werden. Auch um die Vereinfachung von Gesetzestexten werden wir uns zielstrebig kümmern. Die Rechte der Opfer von Verbrechen werden wir stärken. Dies gilt ganz besonders für die Schwächsten in unserer Gesellschaft: missbrauchte und misshandelte Kinder.

(Beifall bei den Regierungsparteien sowie bei Abgeordneten der PDS)

Wo immer das möglich ist, werden wir den Täter-Opfer-Ausgleich stärken und die gemeinnützige Arbeit als moderne Sanktionsform ausbauen. Es ist im Interesse der Gesellschaft, dass vor allem Straftäter, die bislang zu kurzen Freiheitsstrafen verurteilt wurden, nicht zusätzliche Kosten für den Staat verursachen, sondern gemeinnützige Arbeit leisten. Soweit die Gemeinschaft nicht vor ihnen geschützt werden muss, sollen sie sich für die Gemeinschaft nützlich machen.

(Beifall bei den Regierungsparteien)

Große Aufmerksamkeit richten wir auf die Förderung der Verfahren zur Schlichtung. Es muss Schluss gemacht werden mit der verhängnisvollen Entwicklung, immer mehr zivile, soziale, wirtschaftliche oder sogar politische

Streitfälle auf die Gerichte abzuwälzen. Die Möglichkeiten, Streitfälle außergerichtlich zu regeln, werden wir stärken und bürgernah ausgestalten. Wir verbinden damit den Appell an Bürgerinnen und Bürger, aber auch an Interessengruppen, diese Möglichkeiten auszuschöpfen, bevor die Justiz bemüht wird.

Ich sage es deutlich: Diese Bundesregierung will keinen Bevormundungsstaat, nein, sie will einen Staat, der die Menschen ermutigt. Aber den Staat schlanker und effizienter zu machen, das darf nicht heißen, dass man ihn dort schwächt, wo vor allem die Schwächeren auf ihn angewiesen sind.

(Beifall bei den Regierungsparteien)

Wir wollen deshalb einen Staat, der die Bürgerrechte schützt und erweitert. Wir beharren auf dem Schutz der Schwächeren durch das Recht und durch den Staat.

(Beifall bei Abgeordneten der Regierungsparteien)

Ich will keine Gesellschaft, in der sich einige wenige Schutz kaufen können und die Mehrheit Angst vor Verbrechen hat.

(Beifall bei den Regierungsparteien sowie bei Abgeordneten der PDS)

Deshalb sage ich: Härte gegen das Verbrechen und seine Erscheinungsformen, aber eben auch Härte gegen die Ursachen des Verbrechens, das ist meine, das ist unsere Vorstellung von einem Staat, der seine Schutzaufgabe erfüllt.

(Beifall bei den Regierungsparteien sowie bei Abgeordneten der PDS – Widerspruch bei der CDU / CSU)

Wir werden deshalb die Kriminalität in all ihren Erscheinungsformen entschlossen bekämpfen. Die Polizei kann sich darauf verlassen, dass wir sie bei dieser Aufgabe unterstützen.

(Siegfried Hornung [CDU]: Chaostage! – Weitere Zurufe von der CDU / CSU)

Aber zugleich gilt: Eine gute Politik der inneren Sicherheit darf nicht auf Polizei und Strafrecht beschränkt bleiben.

(Beifall bei Abgeordneten der Regierungsparteien)

Ein eigenverantwortliches Leben setzt zuallererst voraus, für sich selbst sorgen zu können. Wie sollen unsere jungen Menschen unsere Gesellschaft und unsere Zukunft gestalten, wenn wir ihnen nicht einmal die Möglichkeit geben, für sich selber zu sorgen? Hierin liegt der Grund dafür, warum die Bundesregierung ein Sofortprogramm auflegen wird, um 100 000 Jugendliche so schnell wie möglich in Ausbildung und Beschäftigung zu bringen.

(Beifall bei den Regierungsparteien sowie bei Abgeordneten der PDS)

Ich sage es noch einmal vor diesem Hohen Hause: Gerade diejenigen, die die Jugendkriminalität zurückdrängen wollen und dies mit aller Entschiedenheit mit Hilfe des Staates durchsetzen wollen, haben auf der anderen Seite die Verantwortung, jungen Menschen eine Perspektive für Ausbildung und Arbeit zu geben.

(Beifall bei den Regierungsparteien sowie bei Abgeordneten der PDS)

Wir werden angesichts der Gefährdungen, die sich für die gesamte Gesellschaft aus einem Mangel an Perspektive ergeben, bei der Realisierung dieses Programmes einen besonderen Schwerpunkt in Ostdeutschland setzen. Dies ist – zugegeben – ein erster Schritt, aber ein eminent wichtiger, um dort helfen zu können.

(Beifall bei der SPD sowie bei Abgeordneten der Grünen)

Meine Damen und Herren, Ziel einer aktiven Arbeitsmarktpolitik muss es sein, den Menschen eine Brücke in den ersten Arbeitsmarkt zu bauen. Wir alle wissen, dass eine gute Ausbildung die beste Voraussetzung für eine gesicherte berufliche Zukunft ist. Unser duales System der Ausbildung ist noch immer vorbildlich in Europa. Aber die schleichende Verstaatlichung der Ausbildung muss aufhören.

(Lachen und Widerspruch bei der CDU / CSU)

– Das ist so. Sie haben es noch immer nicht verstanden. Das ist tatsächlich so. Sie werden es nie verstehen.

(Beifall bei den Regierungsparteien)

Sie interessiert das nicht.

(Lebhafter Widerspruch bei der CDU / CSU)

Aber mich macht das besorgt. Dass Sie an den jungen Leuten nicht interessiert sind, merkt man an Ihrem Gebrüll. Man merkt an der Art und Weise, wie Sie mit diesem Thema umgehen,

(Beifall bei den Regierungsparteien sowie bei Abgeordneten der PDS)

wie wenig Sie das Thema der Ausbildungsperspektiven für junge Leute interessiert.

(Widerspruch bei der CDU / CSU und der FDP)

Ich sage Ihnen eines: Die Zahl der Ausbildungsplätze, die die Wirtschaft zur Verfügung gestellt hat, ist in Ihrer Regierungszeit kontinuierlich zurückgegangen. Das ist das Problem, vor dem wir stehen.

(Beifall bei den Regierungsparteien sowie bei Abgeordneten der PDS)

Das sollten Sie nicht lächerlich machen. Darüber sollten Sie nicht lachen. Denn der wirkliche Skandal in unserer Gesellschaft ist, dass die jungen Leute von Ihnen alleingelassen worden sind. Das ist das Problem. Deshalb sind Sie auch abgewählt worden.

(Beifall bei den Regierungsparteien und der PDS)

Dass Sie sich beim Thema Ausbildungschancen der jungen Leute hier hinsetzen und so tun, als wenn Sie das nichts anginge, das ist eine Schande. Sie sollten sich schämen!

(Beifall bei den Regierungsparteien sowie bei Abgeordneten der PDS)

Für uns jedenfalls ist klar – auch wenn das die rechte Seite dieses Hauses nicht interessiert – –

(Zurufe von der CDU / CSU: Pfui! – Weitere Zurufe von der CDU / CSU)

– Da merkt man, welches Interesse Sie an diesen Fragen haben.

(Weitere lebhafte Zurufe von der CDU / CSU)

Meine Damen und Herren, für uns ist klar – in diesem Punkt lassen wir uns nicht beirren –: Wirtschaft und öffentliche Verwaltung stehen in der Pflicht, die Lehrstellenzahl zu erhöhen und nicht zu senken.

(Beifall bei der SPD sowie bei Abgeordneten der Grünen)

Wir wollen und wir werden erreichen, dass alle Jugendlichen einen qualifizierten Ausbildungsplatz bekommen. Das ist ihre Erwartung an Politik, und die werden wir erfüllen, sosehr Sie auch dagegen schimpfen.

(Beifall bei den Regierungsparteien)

Bei der Mobilisierung der Ausbildungsplätze setze ich auf die Mitarbeit der Wirtschaft. Ich weiß: Hunderttausende von Handwerksmeistern sowie kleine und mittlere Unternehmen tun jedes Jahr ihre Pflicht. Aber bei den großen Unternehmen muss zugelegt werden; das gilt es gemeinsam zu erreichen.

(Beifall bei den Regierungsparteien sowie bei Abgeordneten der PDS)

Ich setze bei der Mobilisierung von Ausbildungsplätzen darauf, dass wir keine Zwangsmaßnahmen benötigen. – Jetzt könnt ihr auch klatschen!

(Heiterkeit bei der SPD)

Aber ich sage unseren Jugendlichen, dass ihr moralisches Recht auf Arbeit und Ausbildung – auch das muss ausgesprochen werden – die Pflicht einschließt, Angebote zur Berufsausbildung anzunehmen. Mobilität darf kein Fremdwort in diesem Sektor sein oder werden.

(Beifall bei Abgeordneten der SPD)

Auch Folgendes muss deutlich werden: Nicht jeder wird seinen Traumberuf erlernen können. Wir werden kein Volk von Bankkaufleuten und Versicherungskaufleuten werden können, bei allem Respekt vor dieser Berufsgruppe.

(Beifall bei Abgeordneten der SPD)

Im europäischen Vergleich brauchen junge Menschen bei uns zu lange, bevor sie berufliche Verantwortung übernehmen können. Uns geht es nicht um eine Verkürzung der Ausbildungszeit und schon gar nicht um eine Verschlechterung der Ausbildung; es geht uns vielmehr um eine bessere Verteilung der Ausbildung auf die Lebenszeit. Das ist das, was im Vordergrund unserer Bemühungen steht. Ausbildung, Ausbildungsordnungen und Ausbildungsinhalte werden wir flexibler gestalten. Die Verbesserung und Modernisierung beruflicher Bildung und Qualifikation sollte ständiges Gesprächsthema im Bündnis für Arbeit sein.

Wir wollen uns fit machen für die europäische Wissensgesellschaft. Darunter soll man sich nicht eine Gesellschaft aus lauter Superhirnen und Weißkitteln vorstellen. Wissensgesellschaft, meine Damen und Herren, das heißt für mich: Qualifikationsgesellschaft. Das betrifft die ganze Breite unserer Gesellschaft, das betrifft alle Menschen und nicht nur die wissenschaftlich-technischen Eliten.

(Beifall bei der SPD sowie bei Abgeordneten der Grünen)

Das ist der Grund, warum die Bundesregierung die Aufgabe einer Bildungs- und Qualifizierungsoffensive rasch anpacken wird. Wir wollen bestmögliche Bildung für alle, mehr Chancengleichheit, die Förderung unterschiedlicher Begabungen, mehr Effizienz, aber auch mehr Wettbewerb. Diese Regierung hat nichts gegen die Herausbildung von Eliten. Auch unsere demokratische Gesellschaft braucht Eliten. Allerdings kommt es mir darauf an, was man unter Elite und ihrer Herausbildung versteht. Geprägt von eigener Erfahrung sage ich: Zur Elite gehört man nicht durch die Herkunft der Eltern; zur Elite gehört man durch Leistung.

(Beifall bei der SPD sowie bei Abgeordneten der Grünen und der PDS)

Eliten in einer Demokratie erwachsen aus gleichen Chancen im Zugang zu den Bildungseinrichtungen. Das ist wichtig, meine Damen und Herren.

(Beifall bei den Regierungsparteien sowie bei Abgeordneten der FDP und der PDS)

Sie erwachsen aus dem, was bei gleichen Zugangsvoraussetzungen zu den Bildungseinrichtungen der Einzelne in eigener Verantwortung daraus macht. Eines jedenfalls muss gelten: Der Geldbeutel der Eltern darf nicht über die Lebenschancen in unserer Gesellschaft bestimmen.

(Beifall bei den Regierungsparteien sowie bei Abgeordneten der PDS)

Das ist der Grund, warum wir bereits 1999 mit der Reform der Ausbildungsförderung beginnen werden. Wir werden dabei alle ausbildungsbezogenen staatlichen Leistungen zusammenfassen.

Die Hochschulen werden wir stärken. Sie müssen Zentren der Ideenfindung und der Problemlösung sein. Sie sollen nach unserer Auffassung auch Zukunftswerkstätten werden. Wir müssen den Trend zur Abwanderung unserer Grundlagenforscher stoppen und gleichzeitig die anwendungsorientierte Forschung nachhaltig fördern.

Wir brauchen eine bessere Bildungsplanung, und wir werden sie machen. Denn wir können es uns nicht länger leisten, dass ein bedenklich großer Teil unseres wissenschaftlichen Nachwuchses völlig vorbei an den Erfordernissen des Arbeitsmarktes qualifiziert wird.

Auch an Universitäten und Fachhochschulen muss es Wettstreit geben. Konkurrenz belebt auch dort das Geschäft.

(Beifall bei Abgeordneten der SPD und der FDP)

Die Hochschulen müssen viel stärker als bisher auch zu Existenzgründungen ermuntern. Forschung und Lehre sollen durch Budgetierung und mehr Autonomie entbürokratisiert und so wettbewerbsfähiger gemacht werden. Das Dienstrecht des Hochschulpersonals werden wir umfassend modernisieren, um auch hier mehr Anreize für Leistung und Innovation zu schaffen.

(Beifall bei der SPD sowie bei Abgeordneten der Grünen und der FDP)

Wir sollten uns nichts vormachen: Der Transfer von Wissenschaft zur Wirtschaft liegt in Deutschland im Argen. Die Transferzeiten, also die Umsetzung wissenschaftlicher Erkenntnisse in die Produktionswirklichkeit, sind bei uns noch immer viel zu lange. Bei der Innovationsgeschwindigkeit hinken wir hinter den USA, aber auch den europäischen Ländern, die vergleichbar sind, hinterher. Die USA verdienen jedes Jahr mehr als 30 Milliarden D-Mark mit dem Export von Verfahren, von Lizenzen und von Patenten ins Ausland. Unsere Wirtschaft hingegen muss heute mehr Ingenieurleistungen importieren, als sie exportiert. Das kann, das darf nicht so bleiben.

(Beifall bei der SPD sowie bei Abgeordneten der Grünen)

Forschung, Lehre und Wirtschaft haben sich viel zu weit voneinander entfernt. Die Hochschulen stehen vor Umwälzungen, die denen der siebziger Jahre vergleichbar sind. Dieser Herausforderung wird sich die Bundesregierung stellen – wieder einmal, bin ich versucht zu sagen. Wir werden die Investitionen in Forschung und Bildung in den nächsten fünf Jahren verdoppeln.

(Beifall bei Abgeordneten der SPD)

Wir werden auch auf europäischer Ebene die Anstrengungen bei der Entwicklung neuer Technologien verstärken. Zusammen mit unseren Partnern wollen wir transeuropäische Netze und eine moderne wissenschaftliche Infrastruktur schaffen.

Es ist schon richtig: Kreativität, künstlerische Phantasie, handwerkliches Können, die geniale Idee, der Mut zur bahnbrechenden Neuerung – all das kann vom Staat nicht herbeiorganisiert werden. Es ist das Ergebnis eines Prozesses von zahllosen kleinen Verbesserungen, an denen Tausende von kreativen, phantasievollen, kundigen und auch mutigen Menschen tagtäglich arbeiten. Deren Bemühungen zu unterstützen ist eine unserer wichtigsten Aufgaben.

Auf die jungen Menschen – ich unterstreiche es noch einmal – kommt es dabei ganz besonders an. Sie haben die Chance, Erfahrungen zu machen, die die Älteren – auch in diesem Hohen Haus – nie machen konnten. Wir wollen, wir müssen und wir werden dafür sorgen, dass sie nicht die Erfahrung machen, ausgeschlossen zu sein, noch bevor sie in den Prozess einsteigen konnten, den sie eigentlich gestalten sollen.

(Beifall bei der SPD sowie bei Abgeordneten der Grünen)

Aber machen wir uns nichts vor: Die Bewältigung des Jahrhundertproblems Arbeitslosigkeit kann nur gelingen, wenn alle gesellschaftlich Handelnden dabei mitmachen. Die eine einzelne Maßnahme zur Lösung des Problems gibt es nicht. Steuerpolitik, Abgabenreduzierung, Zukunftsinvestitionen und Tarifpolitik müssen einander sinnvoll ergänzen. Erst im Zusammenwirken aller volkswirtschaftlichen Akteure kann dauerhaft mehr Beschäftigung entstehen. Ich betone: im Zusammenwirken aller volkswirtschaftlichen Akteure. Das ist die Erfahrung, die man in anderen Ländern hat machen können.

Das ist auch die positive Erfahrung, die in vergangenen Zeiten mit einem funktionierenden Modell Deutschland gemacht worden ist. Die deutschen Unternehmer stehen dabei ebenso in der Verantwortung wie die Sozialverbände und die Gewerkschaften. Sie alle lade ich zu einem Bündnis für Arbeit und für Ausbildung ein. Ich bin froh, bestätigen zu können: Das erste Treffen wird bereits Anfang Dezember stattfinden.

(Beifall bei den Regierungsparteien)

Dieses Bündnis wird als ständiges Instrument zur Bekämpfung der Arbeitslosigkeit eingerichtet. Ich weiß inzwischen, dass die Beteiligten meiner Einladung folgen und ihren Teil der Verantwortung übernehmen wollen. Ich erwarte, dass sich die Gesprächspartner vom Denken in angestammten Besitzständen und von überkommenen Vorstellungen lösen. Das, meine Damen und Herren, gilt für alle Beteiligten.

Ich setze darauf, dass wir zu einer vorurteilsfreien Beurteilung der Lage kommen und dass unsere Diskussionen vom fairen Ausgleich zwischen Geben und Nehmen geprägt sind. Bündnisse für Arbeit wirken bereits überall mit Erfolg, in unseren Nachbarstaaten, aber auch in ungezählten Betrieben in unserem eigenen Land. Hier in Deutschland haben sozial verantwortliche Unternehmer und tüchtige ökonomisch denkende Betriebsräte unsere Mitbestimmung zu einem modernen weltweit vorbildlichen Modell entwickelt. Dies werden wir verteidigen und ausbauen.

(Beifall bei den Regierungsparteien)

Das Bündnis für Arbeit ist der richtige Ort, um sich den drängenden Fragen zu stellen: Welche Spielräume kann die Abgabenpolitik des Staates, kann die Tarifpolitik schaffen? Was bedeutet es, die Sozialleistungen stärker auf die Bedürftigen zu konzentrieren? Welche Spielräume schaffen wir damit für Investitionen, und welche Möglichkeiten bieten Instrumente wie Investivlohn und Ähnliches? Welche Chancen bieten sich für uns alle, auch für die Beschäftigten, bei der Flexibilisierung der Arbeitszeiten?

Ich erwarte auch, dass wir in diesem Bündnis für Arbeit

und Ausbildung die einmaligen Gelegenheiten nutzen, die uns die neuen politischen Konstellationen in Europa bieten. Der Kampf gegen Arbeitslosigkeit kann mit dieser Bundesregierung nun endlich auch als europäische Frage behandelt werden.

(Beifall bei den Regierungsparteien)

In Bezug auf diese Frage haben unsere Partner in Europa – bei allem Respekt vor Sonstigem – lange gewartet. Mit der Steuerreform, der Entlastung bei den Lohnnebenkosten und dem Sofortprogramm gegen Jugendarbeitslosigkeit bringt die Bundesregierung gute Vorleistungen in das Bündnis für Arbeit ein.

(Beifall bei der SPD)

Ich erwarte, dass auch die anderen wirtschaftlich Handelnden unserem Beispiel folgen. Die Menschen haben ein Recht darauf, dass wir uns der Verantwortung stellen und die Chancen entschlossen ergreifen, die uns ein Bündnis für Arbeit in Deutschland, mitten in einem sozialer gewordenen Europa, eröffnet.

Niemand erwartet von diesem Bündnis Patentlösungen. Aber alle stehen in der Pflicht, das Beste zu geben: Zusammenarbeit, Zukunftswillen und Zuversicht – das sind die Koordinaten des Bündnisses für Arbeit und Ausbildung. Gelingen kann ein solches Bündnis nur, wenn wir uns vorbehaltlos der Wirklichkeit stellen. Das Mindeste, was die Bürgerinnen und Bürger von uns verlangen können, ist der Wille zur Aufrichtigkeit, zur Beschreibung der Wirklichkeit. Wir dürfen auch vor unbequemen Wahrheiten nicht haltmachen. Oft genug ist die gesellschaftliche Wirklichkeit verdrängt worden, zugedeckt mit Lebenslügen und voreiligen Versprechungen.

Ich unterstreiche: Diese Bundesregierung sagt den Menschen weder: »Alles ist schlecht«, noch sagt sie ihnen: »Alles wird gut.« Aber sie sagt zum Beispiel, dass es in diesem Land Menschen gibt, die unter den Bedingungen nackter Ausbeutung arbeiten müssen.

(Beifall bei der SPD sowie bei Abgeordneten der Grünen und der PDS)

Dass solche Beschäftigungen illegal sind, dass sich oft genug auch die Beschäftigten illegal hier aufhalten, das ändert nichts an den menschenunwürdigen Zuständen, die damit verbunden sind und die wir beseitigen müssen.

(Beifall bei den Regierungsparteien sowie bei Abgeordneten der PDS)

Diese Bundesregierung sagt auch, dass es in diesem Land Arbeit gibt, gut bezahlte Arbeit, die an den Sozialsystemen vorbei als Schwarzarbeit angeboten – und nachgefragt – wird. Niemand sollte diese Schwarzarbeit verharmlosen oder aufhören, sie von Rechts wegen zu bekämpfen. Sie ist und bleibt Betrug an der Solidargemeinschaft.

(Beifall bei der SPD sowie bei Abgeordneten der Grünen und der PDS)

Aber es gilt zu erkennen, dass Schwarzarbeit erst dann ganz verschwinden wird, wenn sich die reguläre, versteuerte und sozialversicherte Arbeit wieder lohnt,

(Beifall bei Abgeordneten der FDP)

wenn die Menschen für ihre Arbeit wieder mehr Geld ins

Portemonnaie bekommen. Das ist der Sinn bei den Entlastungen der Arbeitnehmerinnen und Arbeitnehmer. Wir werden diese Entlastung vornehmen; Sie haben das nicht getan.

(Beifall bei der SPD sowie bei Abgeordneten der Grünen und der FDP)

Deshalb wird auch bei der Bekämpfung der illegalen Arbeit der Satz gelten: hart gegen den Rechtsbruch, aber nicht minder hart gegen die Ursachen.

Wie für die innere Sicherheit so gilt auch für die soziale Sicherheit: Wir wollen alles tun, damit sich alle Bürger sicher fühlen können. Aber wir haben Grund zu der Annahme, dass es die Systeme der sozialen Sicherung selbst sind, die durch ihre hohen Kosten immer mehr Menschen in die Flucht aus diesen Sozialsystemen treiben: in illegale, sozial nicht abgesicherte Arbeit oder in Scheinselbstständigkeit. Wenn das so ist, heißt das, dass eine abstrakte soziale Sicherheit in immer mehr Einzelfällen konkrete soziale Unsicherheit produziert und dass die Art, wie wir soziale Sicherheit organisieren, tatsächlich Arbeitsplätze vernichten oder gefährden kann. Deshalb müssen die Systeme und die Kosten der sozialen Sicherung insgesamt auf den Prüfstand.

Wir werden die Augen vor solchen Wahrheiten nicht verschließen, und wir werden auch Konsequenzen daraus ziehen.

(Beifall der Abg. Michaele Hustedt [Bündnis 90 / Die Grünen])

Erstmals, meine Damen und Herren, geht eine deutsche

Bundesregierung daran, mit staatlichen Mitteln die Lohnnebenkosten zu senken. Die Entlastung der Arbeitskosten
durch Senkung der Rentenbeiträge um 0,8 Prozent zum
1. Januar 1999 wird pünktlich in Kraft treten.

(Beifall bei den Regierungsparteien)

Wir sind darüber hinaus bereit, gezielt Sozialabgaben zu
bezuschussen, wenn dadurch weniger produktive Arbeit
bezahlbar gemacht werden kann.

Das soziale Netz muss nach unserer Auffassung zu einem
Trampolin werden. Von diesem Trampolin soll jeder, der
vorübergehend der Unterstützung bedarf, rasch wieder in
ein eigenverantwortliches Leben zurückfedern können.

(Beifall bei Abgeordneten der SPD)

Das, meine Damen und Herren, meinen wir, wenn wir
sagen, dass es uns wichtiger ist, Arbeit zu finanzieren, als
Arbeitslosigkeit bezahlen zu müssen.

(Beifall bei der SPD sowie bei Abgeordneten der Grünen
und der PDS)

In diesen Zielen wissen wir uns übrigens mit der großen
Mehrheit der Bevölkerung in Deutschland einig; wir
wissen sie hinter uns. Doch die Initiativen der Bundesregierung werden kaum ausreichen, den Kostendruck
entscheidend zu lindern. Bei einem gerechten Umbau des
Sozialstaates sind alle Beteiligten gefragt: die Versicherten
wie auch die Verbände und die Versicherungsträger, die
Unternehmer und die Gewerkschafter.

Dabei werden wir uns von einem Grundsatz leiten lassen:
Die Stärke des Sozialstaates bemisst sich nicht an den Mil-

liarden, die er ausgibt. Sie muss sich beweisen an der Qualität der Leistungen, die erbracht werden.

(Beifall bei der SPD sowie bei Abgeordneten der Grünen und der FDP)

Damit hier keine Missverständnisse aufkommen: Unsere Gesellschaft erwirtschaftet genug, um sich den Sozialstaat leisten zu können. Was wir uns nicht leisten können, sind Ungerechtigkeit und Untätigkeit. Wir brauchen die Menschen in Deutschland nicht auf »Blut, Schweiß und Tränen« einzustimmen. Die Menschen haben gezeigt, dass sie bereit sind zu teilen und zu geben. Wie sonst, wenn nicht durch den Elan und die Solidarität der Menschen im Osten und im Westen, hätte es die – bei allen Defiziten – doch beachtlichen Leistungen beim Aufbau der Wirtschaft in den neuen Ländern geben können? Ich sage ganz deutlich: Wir werden diese Solidarität mit den Menschen im Osten des Landes auch weiterhin brauchen.

(Beifall bei den Regierungsparteien)

Wer die dafür nötigen Leistungen zurückfährt, der gefährdet das Erreichte. Wir sind noch immer weit entfernt von gleichwertigen Lebensbedingungen in Ost und West.

Das heißt konkret: Der Solidarpakt von 1993 wird auch weiterhin das finanzielle Rückgrat des wirtschaftlichen Aufbaus bleiben. Wir werden die Maßnahmen der aktiven Arbeitsmarktpolitik in den neuen Ländern, die – das kennen wir ja schon – vor der Wahl kurzfristig hochgefahren wurden und jetzt, wenn nichts geschähe, wieder ausliefen, auf dem bisherigen Niveau verstetigen.

Über Bildungs- und Qualifizierungsangebote wollen wir möglichst vielen den Weg zurück in den ersten Arbeitsmarkt ebnen. Dennoch wird eine aktive Beschäftigungspolitik auf relativ hohem Niveau im Osten Deutschlands noch für eine ganze Weile notwendig und unverzichtbar bleiben. Auch die bislang bis Ende 1998 befristeten Regelungen zum Investitionsvorrang für Ostdeutschland werden wir fortführen. Diese Bundesregierung, meine Damen und Herren, weckt auch dort keine Illusionen. Sie sagt, dass uns noch eine lange und schwierige Wegstrecke des wirtschaftlichen Aufbaus in den neuen Bundesländern bevorsteht. Aber sie zollt Lebensleistung und Biographien der Menschen im Osten Achtung und hohen Respekt.

Die Anstrengungen werden sich lohnen, denn wir haben die Chance, überall in Ostdeutschland Regionen mit ökonomischem und ökologischem Vorbildcharakter zu schaffen, wirklich neue Wege zu gehen, statt Abziehbilder der alten Bundesrepublik herzustellen.

Die Menschen in den neuen Ländern – auch das gilt es zu erkennen – haben Deutschland auch und gerade kulturell stark bereichert. Viele im Westen können und sollten von ihrer Zivilcourage, ihrer Kreativität und ihrem Erfindungsreichtum lernen. Wir wissen, meine Damen und Herren, dass wir eine Nation mit einer gemeinsamen Kultur, Sprache und Geschichte sind, allerdings auch eine

Nation, die vierzig Jahre Spaltung in getrennte Staaten hat erdulden müssen.

Wir kennen die Mängel in den Regelungen über die Rehabilitierung und Entschädigung der Opfer von DDR-Unrecht, und wir werden die Härten beseitigen.

Gegen die Spaltung setzen wir den Willen zu mehr Normalität im Umgang miteinander. Besserwisserei und Larmoyanz, die Geringschätzung des anderen, seiner Vorlieben, seiner Gewohnheiten, all das hat in einer modernen Demokratie nichts zu suchen.

Was wir allerdings verbessern wollen und müssen, ist die Zielgenauigkeit der Aufbau- und Fördermaßnahmen. Die Bundesregierung wird ein Förderkonzept entwickeln, das sich an drei Zielen ausrichtet: erstens der Sicherung der Förderpräferenz für die neuen Bundesländer, zweitens dem verstärkten Ausbau der infrastrukturellen Versorgung, insbesondere in den wirtschaftlichen Problemregionen, sowie drittens der Stärkung der Innovationsfähigkeit der Unternehmen und dem Ausbau von Finanzierungsformen, die den besonderen Problemen ostdeutscher Unternehmen gerecht werden.

(Beifall bei der SPD)

Die Eigenkapitalbasis der Unternehmen im Osten muss gestärkt werden.

Vor allem die jungen und noch nicht so finanzstarken Kleinbetriebe in den neuen Ländern leiden existenziell unter einer zunehmend laxer werdenden Zahlungsmoral. Wir werden deshalb dafür sorgen, dass zahlungsunwillige Schuldner begreifen, dass schlechte Zahlungsmoral sich auch finanziell nicht lohnt.

Wir wollen die Anstrengungen zur Sanierung und Gestaltung der Städte verstärken und auch darüber wieder mehr Menschen in Beschäftigung bringen.

Ich habe als Bundeskanzler erklärt, den Aufbau Ost zur Chefsache zu machen. Die Kompetenzen dafür werden gebündelt. Mir wird ein Staatsminister im Bundeskanzleramt zur Seite stehen, der vor allem für eine sehr enge Koordination mit den Landesregierungen in den ostdeutschen Ländern sorgen wird.

(Beifall bei Abgeordneten der SPD)

Das Bundeskabinett wird alle zwei Monate in einem der neuen Länder tagen, um mit den dortigen Landesregierungen die Lage zu erörtern und konkrete Projekte auf den Weg zu bringen, die der Situation dort gerecht werden.

(Beifall bei den Regierungsparteien)

Gerade in den neuen Bundesländern haben die Bürgerinnen und Bürger ihre ganz speziellen Erfahrungen mit Dichtung und Wahrheit in der Politik gemacht.

(Beifall bei der SPD)

Sie haben deshalb einen Anspruch darauf, dass wir die Probleme vor Ort beim Namen nennen, vor Ort Lösungen entwickeln und sie dann auch zügig durchsetzen. Realitätssinn und Reformwillen sind schließlich keine Optionen, die wir nach Belieben umsetzen und ausschlagen könnten.

Kurz vor der Jahrtausendwende ist die Welt in bahnbrechenden Veränderungen begriffen. Die Digitalisierung des Wissens und der Produktion, die Globalisierung der

Waren- und Finanzmärkte zwingt uns zu Anpassungen und zum Umdenken, zum Abschied von lieb gewordenen Traditionen und Gewohnheiten. Das macht vielen Menschen Angst. Aber, meine Damen und Herren, Angst haben müssen wir nicht vor der Veränderung, Angst haben müssen wir nur davor, im Stau selbst gesetzter Blockaden stecken zu bleiben.

(Beifall bei den Regierungsparteien)

Die Wirklichkeit unseres Erwerbslebens hat sich drastisch verändert. Der schöne und viele Jahre Sicherheit verheißende Ausdruck, jemand habe nach der beruflichen Qualifikation »ausgelernt«, hat seine Bedeutung verloren. Das Weiter- und das Dazulernen sind heute unabdingbare Anforderungen für jeden. Diese gilt es zu realisieren. Aber sie sind auch eine Herausforderung an die Neugier und Leistungsbereitschaft eines jeden.

Dieser veränderten Realität muss sich auch unser Sozialsystem anpassen. So werden wir bei der Rentenreform selbstverständlich die Zunahme der so genannten unsteten Erwerbsverläufe angemessen berücksichtigen. Insbesondere Frauen dürfen eben nicht dafür bestraft werden, dass sie ihr Leben flexibel gestalten, dass Phasen der Kindererziehung, der Erwerbsarbeit und des Lernens einander abwechseln.

(Beifall bei den Regierungsparteien sowie bei Abgeordneten der PDS)

Meine Damen und Herren, wer das Lernen geringschätzt und die Möglichkeiten des Wissens nicht nutzt, läuft in eine Falle. Wenn wir die ökologische Modernisierung wollen, dann heißt das auch, dass wir die enormen Möglichkeiten, die uns die Bio-, die Medizin- und die Gentechnik bieten, in verantwortbarem Rahmen nutzen und entwickeln wollen. Wenn wir den Weg in eine Gesellschaft gehen wollen, die industriell stark, technisch innovativ, sozial gerecht und serviceorientiert ist, dann können wir es uns nicht leisten, gerade die personenbezogenen oder die im Haushalt erbrachten Dienstleistungen als minderwertig zu diskriminieren.

(Beifall bei den Regierungsparteien sowie des Abg.
Dr. Ilja Seifert [PDS])

Wir werden uns von der Vorstellung trennen müssen, nur die in der unmittelbaren Produktion erbrachte körperliche »Maloche« oder der Dienst im Büroalltag seien wirkliche Arbeit. Unser Augenmerk gilt allen, die gesellschaftlichen Wohlstand und gesellschaftliches Wohlergehen schaffen, den produktiv Beschäftigten ebenso wie den vielen, die das Wagnis der Existenzgründung auf sich nehmen, und genauso sehr denen, die sich um die Belange der Menschen kümmern.

Haushaltshilfe und Altenbetreuung, Einpack- oder Einpark-Service sind Dienstleistungen an der Allgemeinheit, deren sich niemand schämen muss. Diejenigen, die diese Dienstleistungen in Anspruch nehmen wollen und sie angemessen zu bezahlen in der Lage sind, werden in unserer Gesellschaft immer mehr. Auch deshalb werden wir die sogenannten 620-Mark-Jobs nicht einfach abschaffen. Aber wir werden sie angemessen in die Sozialversicherungspflicht einbeziehen.

(Beifall bei der SPD)

Die Grenze werden wir auf 300 D-Mark festlegen. Da wir gleichzeitig die Pauschalbesteuerung aufheben, werden diese Tätigkeiten nicht unzumutbar verteuert.

Man sieht daran: Die Bundesregierung erkennt ausdrücklich die Notwendigkeit und Berechtigung solcher Beschäftigungsverhältnisse an: sowohl für die Arbeitgeber als auch für die betroffenen Arbeitnehmerinnen und Arbeitnehmer und für die Verbraucher. Aber wir wollen gemeinsam mit Arbeitgebern und Gewerkschaften den Missbrauch, der mit dieser Regelung betrieben worden ist, ernsthaft bekämpfen.

(Beifall bei der SPD sowie des Abg. Rezzo Schlauch
[Bündnis 90 / Die Grünen])

Mehr Flexibilität im Arbeitsleben darf nicht auf Kosten sozialer Sicherheit gehen. Vor allem darf sie nicht zulasten der Frauen gehen, denen die Gesellschaft schon immer mit größter Selbstverständlichkeit höchste Flexibilität abverlangt hat. Wir müssen die Voraussetzungen dafür schaffen, dass Frauen, die es wollen, am Erwerbsleben teilhaben können. Dabei haben wir nicht nur gegen überkommene Strukturen in der Gesellschaft zu kämpfen. Wir müssen auch ein Schul- und Betreuungssystem schaffen, das die Lebenswirklichkeit moderner Familien und von Alleinerziehenden ausreichend berücksichtigt.

(Beifall bei der SPD sowie bei Abgeordneten der Grünen
und der PDS)

Die Bundesregierung wird schon Anfang 1999 ein Aktionsprogramm »Frau und Beruf« initiieren. Wir werden ein wirksames Gleichstellungsgesetz vorlegen, auf Chancengleichheit bei der Ausbildung insbesondere in zukunftsorientierten Berufen achten, Existenzgründerinnen besonders unterstützen und die Bedingungen für flexiblere Arbeitszeiten verbessern.

(Beifall bei Abgeordneten der SPD und der Grünen)

Erziehungsgeld und Erziehungsurlaub werden wir zu einem Elterngeld und zu einem flexiblen Elternurlaub weiterentwickeln. Die Schaffung von größeren und besseren Angeboten zur Kinderbetreuung werden wir unterstützen. Aber ein solches Aktionsprogramm bleibt ein Tropfen auf den heißen Stein, solange wir nicht die objektive Benachteiligung von Frauen aufheben, etwa in der Rentenversicherung. Auch darüber ist viele Jahre geredet worden, aber es ist nichts geschehen. Was geschehen ist, hat die Lage der Menschen eher verschlechtert. Deshalb sind wir auch hier gefordert, zu modernisieren und soziale Gerechtigkeit wiederherzustellen.

Die Bundesregierung wird zunächst die von ihrer Vorgängerin getroffenen Maßnahmen zur Verschlechterung der Rentnerinnen und Rentner aussetzen.

(Beifall bei der SPD sowie bei Abgeordneten der PDS)

Wir sagen ausdrücklich »Maßnahmen« und nicht »Reform«, denn die Reform liegt noch vor uns.

(Beifall bei der SPD)

Wir wollen den Begriff der Reform wieder in sein Recht setzen. Reform – das Wort war einmal klar definiert als Programm oder Projekt, das die Lebensverhältnisse der Menschen verbessert. So war das damals bei der Einführung des Frauenwahlrechts vor – fast auf den Tag genau – achtzig Jahren, eine Reform, die August Bebel und die Sozialdemokraten erkämpft hatten. So war das auch in den siebziger Jahren, als Sozialdemokraten und ihre Bündnispartner unter Willy Brandt und Helmut Schmidt tatsächlich »mehr Demokratie wagten« und mehr Chancengleichheit herstellten.

Heute stehen wir erneut vor der Notwendigkeit von Reformen, die das Leben der Menschen verbessern sollen. Es geht nicht zuletzt darum, die gewaltig entfalteten Produktivkräfte, den immensen Reichtum an Waren und Dienstleistungen, den wir erwirtschaften, wieder in einen sozialen, in einen sinnstiftenden Zusammenhang zu integrieren; denn das ist verloren gegangen.

(Beifall bei der SPD sowie bei Abgeordneten der Grünen)

Das muss das große gesellschaftliche Projekt der Neuen Mitte sein: die ökologische und solidarische Erneuerung unserer Gesellschaft und Ökonomie zu einer modernen sozialen Marktwirtschaft. Daran werden wir arbeiten; das werden wir miteinander leisten.

(Beifall bei der SPD sowie bei Abgeordneten der Grünen)

Das ist auch der Grund, warum wir bei der Alterssicherung eine echte Solidarität der Generationen, nicht nur eine Solidarität der Berufsgruppen erzielen wollen. Wir wollen einen mit Leben erfüllten Generationenvertrag, keinen Vertrag zulasten der Arbeit. In diesem Sinne werden wir dem Bundestag Vorschläge zur Reform der Alterssicherung vorlegen, die auf Solidarität, aber auch auf die gesellschaftliche Realität abzielen.

Dabei geben wir eine dreifache Garantie ab: Wir werden den heute in Rente lebenden Menschen ihre Rente sichern und ihnen jedenfalls ihre ohnehin oft geringen Einkünfte nicht kürzen. Denjenigen, die heute in die gesetzliche Rentenversicherung einzahlen, sagen wir zu, dass sie damit einen wirksamen und leistungsgerechten Rentenanspruch erwerben. Denjenigen, die jetzt ins Berufsleben eintreten, sichern wir den Umbau der Alterssicherung zu einem transparenten zukunftsfähigen Versicherungspakt zu.

Dieser Pakt wird auf vier Säulen stehen: Das sind die gesetzliche Rentenversicherung, die betriebliche Altersvorsorge, die private Vorsorge, deren Organisation vom Staat, etwa in steuerlicher Hinsicht, ermutigt wird, und die Beteiligung der Arbeitnehmerinnen und Arbeitnehmer am Produktivkapital und an der Wertschöpfung in den Unternehmen. Für den Nutzen der Reform, die wir im Grundsatz vereinbart haben, gibt es auf der ganzen Welt gute Beispiele; von denen können, von denen werden wir lernen.

Bei der gesetzlichen Rentenversicherung müssen wir die finanzielle Grundlage verbreitern und versicherungsfremde Leistungen staatlich finanzieren.

(Beifall bei Abgeordneten der SPD)

Bei den Lebensversicherungen werden wir für mehr Wettbewerb und mehr Transparenz sorgen. Die zukunftsfähige Erneuerung der betrieblichen Altersvorsorge muss im Bündnis für Arbeit und Ausbildung fest vereinbart werden. Die Beteiligung der Arbeitnehmerinnen und Arbeitnehmer am Produktivvermögen werden wir unterstützen. Durch die Nettoentlastung der Lohn- und Einkommensteuerzahler schaffen wir auch auf diesem Sektor beachtliche Spielräume für die Tarifpartner.

Eine derartige Reform wird ihren Namen verdienen – anders als die Rentenkürzungen und die weiteren sozialen Einschnitte, die wir noch in diesem Jahr aussetzen, um Raum für wirklich zukunftsfähige Lösungen zu schaffen.

(Beifall bei der SPD sowie bei Abgeordneten der Grünen)

Die Verschlechterungen beim Kündigungsschutz und bei der Lohnfortzahlung werden wir – wie wir es versprochen haben – zum 1. Januar 1999 aufheben.

(Beifall bei der SPD)

Im Gesundheitswesen werden wir die Belastungen der Kranken, vor allem der chronisch Kranken und der älteren Patienten, zurückführen. Die Zuzahlungen der Versicherten bei Medikamenten werden ebenfalls zum 1. Januar 1999 gesenkt. Das sogenannte Krankenhausnotopfer wird ab sofort ausgesetzt.

(Beifall bei der SPD sowie bei Abgeordneten der Grünen)

Auch im Gesundheitswesen reichen die heute zur Verfügung stehenden Finanzmittel für eine qualitativ hochwertige Versorgung im Prinzip aus. Nicht die Rationierung in der gesetzlichen Krankenversicherung, sondern die Rationalisierung in der Versorgung ist der richtige Weg – und den werden wir gehen, meine Damen und Herren.

(Beifall bei der SPD sowie bei Abgeordneten der Grünen)

Ich weiß, die Tradition, die soziale Sicherheit zu wahren,

gilt heute manchen schon als revolutionär. Dafür die traditionellen Mittel aufzuwenden wäre aber womöglich reaktionär. Weder auf dem Renten- noch auf dem Gesundheitssektor werden wir uns in diesem Widerspruch verfangen. Wir stehen auch in diesen Bereichen für eine Reform, die sich an den Realitäten orientiert.

Die Realität lehrt uns zum Beispiel, dass Deutschland in den vergangenen Jahrzehnten eine unumkehrbare Zuwanderung erfahren hat. Wir haben die Menschen, die in den fünfziger Jahren zu uns kamen, eingeladen. Heute sagen wir diesen unter uns lebenden Mitbürgerinnen und Mitbürgern, dass sie keine Fremden sind. Zu Fremden machen sich vielmehr diejenigen, die in unserem Land den Fremdenhass propagieren.

(Beifall bei den Regierungsparteien und der PDS)

Das wollen wir nicht. Diesen verblendeten Minderheiten setzen wir eine entschiedene Politik der Integration entgegen.

(Beifall bei der SPD)

Den Zuwanderern, die bei uns arbeiten, sich legal in Deutschland aufhalten, Steuern zahlen und sich an die Gesetze halten, ist viel zu lange gesagt worden, sie seien bloß Gäste. Dabei sind sie real längst Mitbürgerinnen und Mitbürger geworden.

(Beifall bei den Regierungsparteien sowie bei Abgeordneten der PDS)

Diese Bundesregierung wird deshalb ein modernes Staatsangehörigkeitsrecht entwickeln. Es wird die Voraussetzungen dafür schaffen, dass diejenigen, die auf Dauer bei uns leben, und deren Kinder, die hier bei uns geboren sind, volles Bürgerrecht erhalten können.

(Beifall bei den Regierungsparteien sowie des Abg. Dr. Ilja Seifert [PDS])

Niemand, der Deutscher werden will, soll dafür seine ausländischen Wurzeln aufgeben oder verleugnen müssen. Deshalb werden wir eine doppelte Staatsbürgerschaft ermöglichen.

(Beifall bei den Grünen sowie bei Abgeordneten der SPD und der PDS)

Integration erfordert auch und gerade die aktive Mitwirkung derer, die sich integrieren sollen. Aber wir werden denen, die dauerhaft hier leben, arbeiten, ihre Steuern zahlen und die Gesetze achten, die Hand reichen, damit sie sich in unsere Demokratie als Menschen auch wirklich einbringen können.

(Beifall bei Abgeordneten der SPD)

So nehmen wir die Wirklichkeit in Europa positiv zur Kenntnis, so wollen wir das miteinander halten, und so sollte es in Deutschland üblich werden.

(Beifall bei den Regierungsparteien)

Unser Nationalbewusstsein basiert eben nicht auf den Traditionen eines wilhelminischen »Abstammungsrechts«, sondern auf der Selbstgewissheit unserer Demokratie. Wir sind stolz auf dieses Land, auf seine Landschaften, auf seine Kultur, auf die Kreativität und den Leistungswillen seiner Menschen. Wir sind stolz auf die Älteren, die dieses Land nach dem Krieg aufgebaut und ihm seinen Platz in einem friedlichen Europa geschaffen haben. Wir sind stolz auf die Menschen im Osten unseres Landes, die das Zwangssystem der SED-Diktatur abgeschüttelt und die Mauer zum Einsturz gebracht haben.

(Beifall bei den Regierungsparteien)

Was ich hier formuliere, ist das Selbstbewusstsein einer erwachsenen Nation, die sich niemandem über-, aber auch niemandem unterlegen fühlen muss,

(Beifall bei Abgeordneten der SPD)

die sich der Geschichte und ihrer Verantwortung stellt, aber bei aller Bereitschaft, sich damit auseinanderzusetzen, doch nach vorne blickt. Es ist das Selbstbewusstsein einer Nation, die weiß, dass die Demokratie nie für die Ewigkeit erworben ist, sondern dass Freiheit, wie es schon in Goethes *Faust* heißt, »täglich erobert« werden muss.

(Beifall bei Abgeordneten der SPD)

Auch unsere Nachbarn in Europa wissen, dass sie uns als Deutschen umso besser trauen können, je mehr wir Deutschen selbst unserer eigenen Kraft vertrauen.

(Beifall des Abg. Hans Büttner [Ingolstadt] [SPD])

Es waren in der Vergangenheit immer die gefährlichen Schieflagen im nationalen Selbstbewusstsein, die zu Extremismus und Unfrieden geführt haben. In diesen Tagen ist es achtzig Jahre her, dass der Erste Weltkrieg zu Ende gegangen ist. In Frankreich und Deutschland ist damit das Gedenken an Leid und unsagbaren Schmerz verbunden.

Beide Völker sind deswegen unumkehrbar in dem Bewusstsein geeint: »Nie wieder!«

Für uns Deutsche ist der gestrige Tag, der 9. November, geschichtsbeladen und ambivalent wie kein anderer. Kein anderes Datum symbolisiert Stolz und Schmerz, Freude und Schande in der Geschichte unserer Nation so sehr wie dieser 9. November. Es ist der Tag, da die erste deutsche Republik entstand. Es ist der Tag, an dem für Millionen von Ostdeutschen die Berliner Mauer passierbar wurde. Aber es ist auch der Tag der Reichspogromnacht, als 1938 Deutsche in verbrecherischem Rassenwahn im ganzen Land Synagogen anzündeten, die Häuser und Geschäfte jüdischer Mitbürger zerstörten und die jüdischen Mitbürgerinnen und Mitbürger töteten.

Vieles, was die Väter und Mütter unserer Verfassung konzipiert haben, geschah vor allem in Erinnerung an diese nationalsozialistische Schreckensherrschaft. Die gemeinsame Geschichte verpflichtet auch uns. Aber inzwischen – das ist gut so – ist unsere Demokratie kein zartes Pflänzchen mehr, sondern ein starker Baum. Die Deutschen haben mit Hilfe ihrer Freunde und Verbündeten die staatliche Einheit in Frieden und Selbstbestimmung vollenden können. Wir bekennen uns uneingeschränkt zu unserer Verankerung im westlichen Bündnis und in der Europäischen Union. Wir sind heute Demokraten und Europäer – nicht weil wir es müssten, sondern weil wir es wirklich wollen, meine Damen und Herren.

(Beifall bei den Regierungsparteien sowie bei Abgeordneten der FDP)

Als Demokraten und Europäer wollen wir die Instrumente der Demokratie weiterentwickeln. Wir werden sie an den Erfordernissen einer modernen Politik ausrichten, die auf Partnerschaft und Dialog gegründet ist. Die demokratischen Beteiligungsrechte der Bürgerinnen und Bürger werden wir stärken. Wir werden mit den Umweltverbänden über ein Verbandsklagerecht reden, das nicht noch mehr politische Entscheidungen auf die Justiz abwälzt, sondern die Beteiligung betroffener und sachkundiger Bürger schon im Vorfeld stärkt; darum geht es uns.

Wir werden da, wo es geht, Gesetze mit einem Überprüfungsvorbehalt versehen und sie nach einem vernünftigen Zeitraum der Erprobung erneut dem Parlament vorlegen, um sie zu korrigieren oder auch zu bestätigen.

Wir halten es mit der Maxime des großen Philosophen Ernst Bloch:

> Alles Gescheite mag schon siebenmal gedacht worden sein. Aber wenn es wieder gedacht wurde, in anderer Zeit und Lage, war es nicht mehr dasselbe. Nicht nur dein Denken, sondern vor allem das zu Bedenkende hat sich unterdes geändert.

Daran orientieren wir uns, wenn wir sagen: Wir wollen uns den Realitäten stellen und wieder einmal mehr Demokratie praktizieren.

Meine Damen und Herren, es ist heute eine lebendige und stabile Demokratie, die wir beim Umzug der Verfassungsorgane nach Berlin mitnehmen. Die Baumaßnahmen dafür werden zügig zu Ende geführt, und die Bundesregierung wird helfen, die Voraussetzungen zu schaffen, die Berlin braucht, um seiner Aufgabe als Hauptstadt gerecht zu werden. Insbesondere die städtebauliche Neuordnung der Berliner Mitte werden wir unterstützen.

Aber es geht ja um mehr als um einen Umzug, meine Damen und Herren. Es geht auch hier um einen Aufbruch. Wir gehen übrigens nicht nach Berlin, weil wir in Bonn gescheitert wären. Ganz im Gegenteil! Das vierzigjährige Gelingen der Bonner Demokratie, die Politik der Verständigung und guten Nachbarschaft, die Leuchtkraft eines Lebens in Freiheit haben dazu beigetragen, die deutsche Teilung zu überwinden und das zu ermöglichen, was wir heute gemeinhin »Berliner Republik« nennen. Jürgen Habermas und viele andere erhoffen sich von dieser Berliner Republik ein, wie er formuliert hat, »ziviles Land, das sich kosmopolitisch öffnet und behutsam-kooperativ in den Kreis der anderen Nationen einfügt«. Daran wollen wir arbeiten.

In der öffentlichen Diskussion hat es aber auch Einwände gegen diesen Begriff gegeben. Manchen klingt Berlin immer noch zu preußisch-autoritär, zu zentralistisch. Dem setzen wir unsere ganz und gar unaggressive Vision einer Republik der Neuen Mitte entgegen. Diese Neue Mitte grenzt niemanden aus. Sie steht für Solidarität und Innovation, für Unternehmungslust und Bürgersinn, für ökologische Verantwortung und eine politische Führung, die sich als modernes Chancenmanagement begreift. Symbolisch nimmt diese Neue Mitte Gestalt in Berlin an: mitten in Deutschland und mitten in Europa.

Allerdings bleibt auch hier die Vergangenheit lebendig. In

jüngster Zeit, meine Damen und Herren, werden große deutsche Unternehmen mit dieser Vergangenheit in besonderem Maße konfrontiert. Deshalb habe ich noch vor der Aufnahme meiner Amtsgeschäfte betroffene Industrieunternehmen zusammengerufen, um über einen gemeinsamen Fonds zur Entschädigung berechtigter Ansprüche von Zwangsarbeitern zu sprechen.

(Beifall bei den Regierungsparteien und der PDS)

Gemeinsam heißt hier Gemeinsamkeit der Unternehmen. Ich habe den Eindruck, dass die Unternehmen zu einer fairen Lösung hinsichtlich der berechtigten Ansprüche bereit sind.

Aber ich sage genauso deutlich: Wo es nicht um den Ausgleich erlittenen Unrechts geht, werden wir unseren Unternehmen und damit auch ihren Arbeitnehmerinnen und Arbeitnehmern im Inland, aber auch im Ausland Schutz gewähren.

Über das geplante Holocaust-Mahnmal in Berlin wird nicht per Exekutivbeschluss entschieden, sondern unter Berücksichtigung der breiten öffentlichen Debatte hier im Deutschen Bundestag. Wir sind sicher, dass wir dabei eine würdige Lösung finden werden, die in ein Gesamtkonzept für die Gedenkstätten in Deutschland eingebettet wird.

Aber in diesem Geschichtsbewusstsein sagen wir auch, dass Berlin noch für ganz andere Traditionen steht als nur für die Erinnerung an totalitäre Schreckensherrschaft. Berlin steht auch für demokratische Selbstbehauptung und Freiheitswillen; beides wurde vor allem von den sozialdemokratischen Stadtoberhäuptern Ernst Reuter und Willy Brandt verkörpert.

(Beifall bei der SPD)

Berlin steht für ein weltoffenes Klima, das die Stadt zum Anziehungspunkt für die Jugend und für die kulturelle Avantgarde aus ganz Europa gemacht hat. Die kulturellen Brücken nach New York, Warschau, Moskau und Paris sind längst wieder geschlagen. Für die jüngeren Deutschen und Europäer ist Berlin vor allem eine heitere und aufregende Stadt, die sie von Klassenreisen, Fußballspielen oder auch von der Love-Parade her kennen.

(Beifall bei Abgeordneten der SPD)

Herr Fraktionsvorsitzender, ich weiß nicht, warum Sie so besonders lächeln.

> *(Dr. Peter Struck [SPD]: Wir gehen zusammen zur Love-Parade!)*

Auch und gerade an diesen Traditionen werden wir anknüpfen, wenn wir Berlin zur Hauptstadt einer Republik der Neuen Mitte machen wollen.

Die Bundesregierung bekennt sich ausdrücklich zur kulturellen Förderung Berlins.

(Beifall bei den Regierungsparteien)

Diese wird mit Unterstützung kultureller Projekte und Einrichtungen in den neuen Ländern einhergehen. Zur Bündelung der kulturpolitischen Kompetenzen des Bundes schaffen wir das Amt eines Staatsministers für kulturelle Angelegenheiten. Er wird Impulsgeber und Ansprechpartner für die Kulturpolitik des Bundes sein und sich auf internationaler, aber vor allem auf europäischer Ebene als Interessenvertreter der deutschen Kultur verstehen. Auch dadurch wird die Bundesregierung Kulturpolitik wieder zu einer großen Aufgabe europäischer Innenpolitik machen.

Meine Damen und Herren, die Republik der Neuen Mitte ist auch eine Republik des Diskurses. Er findet nicht hinter den verschlossenen Türen der Gremienvorstände statt. Die Neue Mitte sucht den Konsens über das beste Ergebnis und nicht den Kompromiss über den kleinsten gemeinsamen Nenner.

Die neuen Medien sind für sie nicht in ein paar mehr oder ein paar weniger Kanälen im Privatfernsehen, sondern bedeuten für sie den technisch unbegrenzten Zugang zum Wissen und zum weltweiten Informationsaustausch.

(Beifall bei Abgeordneten der SPD)

Wir werden uns dafür einsetzen, gemeinsam mit den Ländern und den Partnern aus der Industrie an den Schulen einen kostenlosen oder zumindest kostengünstigen Internetzugang zu ermöglichen.

Im Zeitalter von Internet und Online-Kommunikation muss aber auch das Wort von der demokratischen Öffentlichkeit einen neuen Klang bekommen. Die neuen Wege der Informationsvermittlung sind eine hervorragende Chance, die Gesellschaft zum Sprechen zu bringen; aber sie bergen auch Gefahren. Einer verantwortlichen Medienpolitik kommt deshalb zentrale Bedeutung zu. Jeder soll Zugang zu den neuen Medien haben, jeder soll ihren Nutzen und ihre Grenzen kennen. Deshalb meinen wir es wörtlich, wenn wir dazu auffordern, unsere Kinder den Umgang mit Computern zu lehren: nicht nur die Technik, sondern mehr noch die Kultur dieser Form der Kommunikation.

Aus Bonn, meine Damen und Herren, nehmen wir eine gelebte, eine lebendige demokratische Transparenz mit nach Berlin. Diese Transparenz wird hier in diesem Haus des Deutschen Bundestags in großartiger Architektur sichtbar. Den Reichstag, der nun bald Deutscher Bundestag sein wird, überwölbt eine gläserne Kuppel, wie wir wissen. Das ist nach meiner Auffassung mehr als ein hübsches architektonisches Detail. Es sollte ein Symbol für neue Offenheit und für demokratische Renovierung dieses so sehr geschichtsbeladenen Gebäudes sein. Es kann ein Symbol für die moderne Kommunikation einer staatsbürgerlichen Öffentlichkeit werden.

Diese Öffentlichkeit beschränkt sich nicht auf die Politik. Die Zusammenarbeit mit den Kirchen und Religionsgemeinschaften als wichtigen Kräften des kulturellen, politischen und sozialen Lebens werden wir fördern und fortsetzen. Wir begrüßen den Dialog der Religionsgemeinschaften untereinander und ihre Bereitschaft, zu den brennenden sozialen, wirtschaftlichen und kulturellen Gestaltungsfragen mit Anregungen und Kritik beizutragen.

(Beifall bei der SPD sowie bei Abgeordneten der Grünen und der PDS – Zuruf des Abg. Dr. Wolfgang Schäuble [CDU])

Das Engagement vieler Bürgerinnen und Bürger in Vereinen und Verbänden, im Sport, in Bürgerinitiativen und Selbsthilfegruppen ist eine der Keimzellen unseres sozialen Zusammenlebens und einer eigenverantwortlichen Gestaltung unserer Existenz.

Herr Kollege Schäuble, verzeihen Sie, aber weil Sie dies alles – ein wenig machtverliebt und machtversessen – übersehen haben, haben Sie verloren. Das ist der Grund.

(Beifall bei den Regierungsparteien sowie bei Abgeordneten der PDS – Michael Glos [CSU]: So eine Frechheit!)

Von Koalition ist bei uns meist nur die Rede, wenn es um Parteien geht. Diese braucht man auch. Wir streben jedoch eine große gesellschaftliche Koalition an, eine Koalition aller Kräfte, die den Wandel in Deutschland gestalten wollen. Wir bieten nicht nur ein Bündnis für Arbeit an. Nein, meine Damen und Herren, wir wollen ein Zukunftsbündnis in diesem Land schaffen.

(Beifall bei Abgeordneten der SPD)

Berlin ist aber auch die Stadt, die quälende Jahrzehnte lang durch den Ost-West-Konflikt geteilt war. So glücklich wir Deutschen über dessen Überwindung sind, so bewusst sind wir uns auch, dass das Ende des Kalten Krieges noch lange nicht den Weltfrieden gebracht hat.

Der weltpolitische Umbruch hat in vielen Regionen neue Instabilitäten und gewaltsame Konflikte ausgelöst, auch vor unserer Haustür in Europa. Flüchtlingselend, Ressourcenknappheit und Umweltzerstörung in den Ländern des Südens sind ein gefährlicher Nährboden für diese und neue Konflikte.

Angesichts solcher Risiken, aber vor allem angesichts der Chancen internationaler Zusammenarbeit erwartet die Welt von uns mehr als je zuvor, dass wir unseren Verpflichtungen im Rahmen unserer Bündnisse gerecht werden. Wir bleiben in Europa und in der Welt verlässliche Partner.

Der Freundschaft mit den Vereinigten Staaten von Amerika verdanken wir viel: nicht weniger als den Frieden und unsere Freiheit. Ich will es gar nicht verhehlen, meine Damen und Herren: Etliche, die heute in diesem Deutschen Bundestag sitzen, und auch manche, die jetzt Mitglieder der Regierung sind, waren nicht immer mit allem einverstanden, was unsere amerikanischen Partner vor allem in der Hochrüstungsphase des Kalten Krieges getan und vorgeschlagen haben.

(Beifall bei Abgeordneten der SPD und der Grünen –
Zuruf von der CDU / CSU: Das hat Helmut Schmidt
gespürt!)

Sie standen damit übrigens nicht allein in der westlichen Welt.

Es ist aber dieselbe Generation, die von kaum einem Ereignis der Nachkriegsgeschichte so geprägt worden ist wie von John F. Kennedys Berlinbesuch und seinem Bekenntnis zur Freiheit Westberlins.

(Beifall bei der SPD sowie bei Abgeordneten der Grünen)

Schriftsteller haben diese Generation als – ich zitiere – »Kinder der amerikanischen Zone« bezeichnet. Sie ist mit amerikanischer Kultur und amerikanischen Produkten aufgewachsen. Aus der kritischen Distanz der Kinder wurde die Partnerschaft von Erwachsenen. Die Freundschaft mit Amerika wurde dieser Generation nicht aufgezwungen, sie wurde ihr von amerikanischer Demokratie und Kultur angeboten. Es ist eine Freundschaft, die auf gegenseitiges Verständnis und immer bessere gegenseitige Kenntnis gebaut ist.

Es ist eine Freundschaft, die sich bewährt hat und vor keiner Bewährungsprobe steht. Wir garantieren sie nicht nur aus Kontinuität und Bündnistreue heraus, nein, wir garantieren sie aus jenem Vertrauen, das nur aus partnerschaftlichem Miteinanderreden und Miteinanderfühlen entstehen konnte. Wir stehen überzeugt zu unseren Verpflichtungen im Rahmen der Atlantischen Allianz.

(Beifall bei der SPD sowie bei Abgeordneten der Grünen)

Die Instrumente der gemeinsamen europäischen Außen- und Sicherheitspolitik wollen wir ausbauen und nutzen, um Europa in der internationalen Politik endlich handlungsfähig zu machen. Darauf warten auch unsere Freunde in den Vereinigten Staaten mit Ungeduld.

Deutsche Außenpolitik ist und bleibt Friedenspolitik. Dabei bekennen wir uns ausdrücklich zu der Bereitschaft, an friedenssichernden und friedenserhaltenden Maßnahmen und Missionen mitzuwirken. Das gilt besonders auch für die Lage in Südosteuropa.

Wir wissen sehr genau, dass es nicht genügt, zur Durchsetzung der Menschenrechte etwa im Kosovo ein militärisches Drohpotenzial zu mobilisieren und, sollte dies unvermeidlich sein, es auch einzusetzen. Viel wichtiger als ein eventueller Militärschlag ist die Aufgabe, die Einhaltung geschlossener Abkommen zu überwachen und die Friedenssicherung vor Ort zu gewährleisten. Auch bei der Erfüllung dieser Aufgabe werden sich unsere Partner auf uns verlassen können.

(Beifall bei der SPD)

In Europa kommt dabei der OSZE als der einzigen gesamteuropäischen Sicherheitsorganisation überragende Bedeutung zu. Bei der Befriedung des Kosovo hat sie sich bereits eine Aufgabe neuer Qualität gesetzt. Die Bundesregierung unterstützt diese Mission mit allen Kräften.

Wir liefern damit auch eine hochmoderne Definition vom Wirken der Bundeswehr als einer Armee, die dem Frieden dient. Unsere Soldaten setzen heute ihr militärisches Know-how in immer mehr Bereichen zivil ein.

(Zuruf von der CDU / CSU: Howgh! – Unruhe bei der CDU / CSU und der FDP)

– Jetzt haben Sie aber was! Es sei Ihnen gegönnt.

(Heiterkeit bei der SPD)

Eine entscheidende politische Schwäche wurde soeben ausfindig gemacht.

(Heiterkeit und Beifall bei den Regierungsparteien)

Das wird so weitergehen.

Bei der Befriedung des Kosovo – ich hatte es schon gesagt – hat die Bundeswehr sich bereits eine Aufgabe neuer Qualität gesetzt. Die Aufgaben der Bundeswehr reichen von der Eindämmung von Naturkatastrophen bis hin zu aktiver Demokratisierungshilfe.

Ausdrücklich danken wir den jungen Deutschen, die in Bosnien-Herzegowina und im Kosovo militärisch und zivil den Frieden wahren helfen.

(Beifall bei den Regierungsparteien)

Sie wissen, welche Hypothek sie tragen, wie genau ihr Auftritt in der Welt, aber auch hier in Deutschland beobachtet wird. Und sie lösen ihre Aufgabe mit bewundernswerter Disziplin und Professionalität.

Selbstverständlich wird die Bundeswehr weiterhin zur Landes- und Bündnisverteidigung befähigt bleiben. Eine Wehrstrukturkommission wird bis Mitte der Legislaturperiode Vorschläge unterbreiten über Auftrag, Umfang, Ausrüstung und Ausbildung der Streitkräfte. Dabei betonen wir allerdings in aller Deutlichkeit, dass das Vorhalten militärischer Potenziale der Krisenprävention dienen soll, wie auch ihr Einsatz die Ultima Ratio der Friedenspolitik bleiben muss.

(Beifall bei den Regierungsparteien)

Wir werden unsere Bemühungen zur weltweiten Abrüstung und Rüstungskontrolle noch verstärken. Die Bundesregierung hält an dem Ziel der vollständigen Abschaffung der Massenvernichtungswaffen fest.

(Beifall bei den Regierungsparteien)

Wir wissen, dass es der Welt nicht gut gehen kann, wenn es wenigen immer besser und vielen immer schlechter geht. Die Überwindung der Kluft zwischen armen und reichen Weltregionen bleibt die größte internationale Herausforderung an der Schwelle zum 21. Jahrhundert.

Der Anteil der Entwicklungshilfe am Bruttosozialprodukt ist in den vergangenen sechzehn Jahren um beinahe die Hälfte gesunken, auf jetzt noch 0,28 Prozent. Diesen Abwärtstrend werden wir stoppen und dabei auf Effizienz und Kohärenz der Maßnahmen zur Bewältigung globaler Zukunftsaufgaben achten.

(Beifall bei den Regierungsparteien)

Dem Wirtschaftsgipfel 1999 in Köln werden wir eine Initiative zur weiteren Erleichterung der Schuldenlast der ärmsten Entwicklungsländer unterbreiten. Gemeinsam mit unseren Partnern in der Europäischen Union werden wir die regionale Zusammenarbeit mit den Ländern in Asien, Afrika und Lateinamerika ausbauen.

Den von verheerenden Naturgewalten heimgesuchten Staaten Zentralamerikas werden wir helfen,

(Beifall bei den Regierungsparteien)

nicht nur mit unmittelbarer humanitärer Hilfe, sondern auch mit Mitteln für den Wiederaufbau ihrer fast vollständig zerstörten Infrastrukturen. Deshalb werden wir uns in den zuständigen internationalen Gremien für einen möglichst umfassenden Schuldenerlass einsetzen.

(Beifall bei den Regierungsparteien sowie bei Abgeordneten der PDS)

Den Vereinten Nationen werden wir eigenständige Einheiten für friedenserhaltende Maßnahmen anbieten. Dabei setzt sich die Bundesregierung aktiv dafür ein, das Gewaltmonopol der Vereinten Nationen zu bewahren und die Rolle des Generalsekretärs zu stärken.

(Beifall bei den Regierungsparteien)

Die Möglichkeit, Ständiges Mitglied im Sicherheitsrat der Vereinten Nationen zu werden, werden wir wahrnehmen, sofern ein gemeinsamer europäischer Sitz nicht erreichbar ist.

Wir maßen uns nicht an, international die Rolle einer Führungsmacht zu spielen oder in Krisensituationen ohne Abstimmung mit unseren Partnern politische Initiativen zu ergreifen. Uns ist weltweit an guter Zusammenarbeit gelegen. Auch unsere Außenwirtschaftsbeziehungen sollen dem Frieden und der Demokratisierung dienen.

Als dritte Säule unserer Außenpolitik werden wir die auswärtige Kulturpolitik stärken und ausbauen. Das ist gerade unter den Bedingungen der Globalisierung unverzichtbar.

(Beifall bei Abgeordneten der SPD)

Wir wissen aus eigener Erfahrung: Frieden braucht wirtschaftliche Entwicklung, und die wirtschaftliche Entwicklung braucht Frieden. Nur dort können Krisen auf Dauer gelöst werden, wo die Menschen spüren, dass sich Frieden und Demokratie lohnen und dass friedliche Entwicklung ihre Lage spürbar verbessert.

Eine solche Aufgabe stellt sich uns gemeinsam mit unseren europäischen Partnern etwa im Nahen Osten. Im Friedensprozess zwischen Israel, den Palästinensern und den arabischen Nachbarstaaten können und wollen wir nicht die Rolle des Paten im Friedensprozess spielen. Dieser Part kommt den Vereinigten Staaten von Amerika und den internationalen Organisationen zu. Aber wir Europäer können und sollten durch gezielte Wirtschaftshilfe, durch Öffnung der Märkte und durch die Beteiligung an Infrastrukturmaßnahmen dazu beitragen, den Friedensprozess unumkehrbar zu machen. Damit können wir unserer historischen Verantwortung gerecht werden – auch und gerade für Israel und für den Frieden.

(Beifall bei den Regierungsparteien)

Die Einbindung Deutschlands in die Europäische Union

ist von zentraler Bedeutung für die deutsche Politik. Die Bundesregierung wird deshalb insbesondere die deutsche Ratspräsidentschaft im ersten Halbjahr 1999 nutzen, um den europäischen Integrationsprozess voranzutreiben. Nur durch die Weiterentwicklung zu einer politischen Union sowie zu einer Sozial- und Umweltunion wird es gelingen, unser Europa bürgernah zu gestalten.

(Beifall bei der SPD sowie bei Abgeordneten der Grünen)

Durch den Regierungswechsel in Deutschland und durch die neuen politischen Realitäten in Europa ergibt sich endlich die Chance einer europäischen Sozial- und Beschäftigungspolitik. Der Kampf gegen die Arbeitslosigkeit kann endlich auch als europäische Frage behandelt werden. Er ist eben nicht mehr länger eine Fußnote zu den Beschlüssen des Ministerrates, sondern er steht auf der europäischen Tagesordnung ganz oben.

(Beifall bei den Regierungsparteien)

Unser Ziel ist ein europäischer Beschäftigungspakt. In ihm sollen ausdrücklich verbindliche Ziele zum Abbau der Jugend- und Langzeitarbeitslosigkeit sowie zur Überwindung der Diskriminierung von Frauen auf dem Arbeitsmarkt aufgenommen werden. Zur Schaffung von zukunftsfähigen Arbeitsplätzen werden wir uns auch in der Europäischen Union für eine Politik der ökologischen Modernisierung einsetzen.

Die Europäische Währungsunion ist eine unumkehrbare Tatsache. Der Euro wird uns die völlige Vergleichbarkeit der Preise und der Leistungen bringen. Damit ist die Zeit nationaler Alleingänge endgültig vorbei. Das gilt zum Beispiel auch für die Weiterentwicklung der ökologischen Steuerreform. Sie muss und sie kann nur in einem europäischen Rahmen auf Dauer gelingen.

(Beifall bei Abgeordneten der SPD)

Die gemeinsame Währung muss ein Erfolg werden. Das heißt: Sie muss stabil sein und stabil bleiben.

Die Stabilitätsorientierung der künftigen europäischen Geldpolitik stellen wir nicht infrage. Aber auch die vom Bundesbankpräsidenten selbst als wünschenswert bezeichnete Diskussion um die Zinspolitik – um auf einen aktuellen Punkt einzugehen – wollen und werden wir führen.

(Beifall bei den Regierungsparteien)

Dabei hat niemand – ich wiederhole: niemand – die Unabhängigkeit der Bundesbank und der Europäischen Zentralbank infrage gestellt.

(Zurufe von der CDU / CSU: Ha, ha!)

– Sie interpretieren das immer gerne anders. Aber es ist so, wie ich es Ihnen hier sage; glauben Sie es mir.

(Beifall bei Abgeordneten der SPD)

Diese Unabhängigkeit ergibt sich aus dem Bundesbankgesetz und aus dem Maastrichter Vertrag. Dort wurde sie verankert, weil sie sachlich geboten ist und weil sie der Stabilität dient.

(Beifall bei Abgeordneten der SPD)

Aber ich füge hinzu: Dabei entspricht es entwickelter und guter europäischer Tradition demokratisch verfasster Gesellschaften – auch deshalb steht dies darin –, dass zum Beispiel die Europäische Zentralbank ihre in voller Souveränität gefassten geldpolitischen Entscheidungen regelmäßig dem Europäischen Parlament darlegen wird. Was spricht dagegen?

(Beifall bei den Regierungsparteien sowie bei Abgeordneten der PDS)

Der Bundesfinanzminister hat als einer der Ersten auf die Notwendigkeit hingewiesen, zu wirksamen internationalen Vereinbarungen zu kommen, um die Turbulenzen auf den Weltfinanzmärkten zu glätten. Diese Notwendigkeit wird heute bei der Bundesbank, bei den europäischen und nordamerikanischen Partnern – bis hin zur Weltbank und zur US-Notenbank – genauso gesehen. Auch und gerade wegen der internationalen Finanzkrisen müssen wir darauf hinwirken, dass Europa mit einer Stimme spricht.

Es wird deshalb ein erster Schwerpunkt der Ratspräsidentschaft sein, die Deutschland am 1. Januar 1999 übernimmt, die Verhandlungen zur Agenda 2000 bereits bei einem Sondertreffen des Europäischen Rates im Frühjahr 1999 abzuschließen. Das ist gewiss eine immens schwierige Aufgabe. Aber wir wollen den ernsthaften Versuch unternehmen, diese Aufgabe zu erfüllen.

Im Rahmen der Neuregelung der EU-Finanzen wollen wir dabei auch zu einer höheren Beitragsgerechtigkeit kommen und die deutsche Nettobelastung auf ein faires Maß verringern. Ich muss aber in diesem Zusammenhang darauf hinweisen, dass diese Belastungen im Jahre 1992 mit der Stimme der damaligen Bundesregierung unter anderen Bedingungen – das ist gar keine Frage – beschlossen worden sind und dass es schwierig sein wird – das weiß jeder, der sich dieser Aufgabe angenommen hat –, diese Beschlüsse, auf deren Realisierung viele der Partner setzen, wenigstens in etwa zu korrigieren. Wir werden daran arbeiten. In diesem Punkt sind wir uns ja alle in diesem Hause einig.

Bei der Agrarpolitik werden wir uns auf europäischer Ebene für grundlegende Veränderungen einsetzen. Wo die Angleichung der Preise an das Weltmarktniveau die deutschen Bauern benachteiligt, müssen wir in Europa ein System direkter Einkommensbeihilfen durchsetzen, ein System, das auch national ergänzt werden können muss.

Auch die EU muss sparsam wirtschaften, ihre Mittel effizient und zielgerecht einsetzen und den Subventionsmissbrauch bekämpfen. Auch in Europa müssen wir uns auf die strukturschwächsten und förderungsbedürftigsten Regionen konzentrieren. Dabei dürfen die neuen deutschen Bundesländer gegenüber vergleichbaren Regionen Europas nicht in einen Nachteil geraten.

Wir werden dafür sorgen, dass Deutschland in der EU nicht länger als Bremser bei der Sozialpolitik auftritt.

(Beifall bei der SPD sowie bei Abgeordneten der Grünen)

Wir werden aktiver Schrittmacher bei der Reform der EU sein. Wir wollen nicht, dass der Euro Deutsch spricht. Wir wollen, dass D-Mark, Franc und Schilling Europäisch sprechen.

(Beifall bei Abgeordneten der SPD, der Grünen und der PDS)

Die Erwartungen unserer Nachbarn und Partner an diese Bundesregierung sind enorm. Wir werden versuchen, diese Erwartungen nicht zu enttäuschen. Die regelmäßigen Konsultationen mit Frankreich und Großbritannien sind für uns keine bloße Formsache. Die deutsch-französische Freundschaft ist das Fundament unserer Europapolitik. Diese Freundschaft wollen wir auf eine noch breitere gesellschaftliche und vor allem kulturelle Grundlage stellen.

Unseren Nachbarn im Osten versichern wir, dass wir die Chance der EU-Osterweiterung entschlossen nutzen wollen. Europa wird und darf nicht am ehemaligen Eisernen Vorhang oder an der deutschen Ostgrenze enden.

(Beifall bei der SPD sowie bei Abgeordneten der Grünen)

Die Deutschen werden eben nicht vergessen, welch unschätzbaren Beitrag die Völker in Ungarn und in Polen zumal zur Überwindung der deutschen Teilung geleistet haben. Wir wollen sie partnerschaftlich in die EU integrieren.

(Beifall bei der SPD)

Dazu gehört auch die Beachtung angemessener Übergangsfristen, zum Beispiel bei der Arbeitnehmerfreizügigkeit. Dies bitte ich wirklich alle zu verstehen. Die Beachtung dessen dient eben nicht der Abwehr und Verzögerung, sondern dem vollständigen Gelingen und der Integration.

Die Bundesregierung ist sich ihrer besonderen historischen Verantwortung gegenüber Polen bewusst. Sie wird ihr mit dem Angebot einer immer engeren Partnerschaft sowie der Verstärkung der Zusammenarbeit zwischen Deutschland, Frankreich und Polen gerecht werden.

Die Bundesregierung wird zügig daran arbeiten, auf Grundlage der Deutsch-Tschechischen Erklärung noch bestehende Probleme im Verhältnis zur Tschechischen Republik abzubauen.

Meine Damen und Herren, die gemeinsame Währung ist ein wichtiger Schritt auf dem Weg zur europäischen Integration. Aber sie gibt nur einen Rahmen vor, einen Rahmen, den wir mit Leben füllen müssen.

Wir brauchen eine zügige und glaubwürdige Demokratisierung der europäischen Institutionen. Dabei steht für die Bundesregierung fest, dass unser Europa die nationalen Identitäten nicht ersetzen oder aufheben soll. Dennoch oder gerade deshalb scheint eine föderale Ordnung in Europa die beste Gewähr für Solidarität und Fortschritt zu sein.

Bei uns in Deutschland hat sich das föderale System bewährt. Bund und Länder bleiben auf Kooperation angewiesen. Kooperation bedeutet nicht die Aufgabe der eigenen Interessen. Wer wüsste das besser als ich? Die Bundesregierung wird sich an der gemeinsamen Formulierung einer zeitgemäßen Aufgabenverteilung im Verhältnis zwischen Bund und Ländern beteiligen. Nur im sachgerechten Interessenausgleich werden beide Seiten ihrer gesamtstaatlichen und europäischen Verantwortung gerecht.

Am Ende dieses Jahrtausends wird Deutschland zwei internationale Großereignisse ausrichten. Im Jahre 1999 wird Weimar europäische Kulturhauptstadt sein; im Jahr darauf findet die Weltausstellung 2000 in Hannover statt. Beide Veranstaltungen werden die Bundesrepublik Deutschland ins internationale Rampenlicht stellen. Weimar wird die erste europäische Kulturhauptstadt in den neuen Bundesländern sein und versuchen, eine Brücke zwischen dem kulturellen Erbe und dem historischen Auftrag aus unserer Geschichte zu schlagen. Die Expo 2000 wird für unseren Aufbruch in die Welt des 21. Jahrhunderts stehen.

Die Bundesregierung ist sich der Bedeutung dieser beiden Ereignisse bewusst, und sie wird ihnen zu internationalem Erfolg verhelfen. Sie verlässt sich dabei auch auf die Leistungsbereitschaft, die Gastfreundschaft und die Neugier der Menschen in Deutschland.

Gegen die Konkurrenz der Wirtschaftsstandorte setzen wir das Konzept von Europa als Lebensort und Lebensart. Wir stehen für das Zukunftsprojekt Deutschland in Europa. Dabei stehen wir in vorderster Reihe mit den sozialen Modernisierern unserer Nachbarländer. Diese Chance, gemeinsam ein modernes Europa der sozialen Marktwirtschaft und der ökologischen Verantwortung zu bauen, werden wir ergreifen.

Wir machen keine unhaltbaren Versprechungen. Aber wir können und wir wollen Mut machen, Mut zu einer neuen Zivilität und zu mehr Partnerschaft, aber auch Mut zum Optimismus, zur Neugier auf die Zukunft.

(Beifall bei den Regierungsparteien)

Ich erinnere an Willy Brandt, der vor diesem Parlament 1973 in der Regierungserklärung seines Reformbündnisses den »vitalen Bürgergeist« zitiert hat, der in dem Bereich zu Hause sei, den auch Willy Brandt damals »die neue Mitte« genannt hat.

Helmut Schmidt hat vor diesem Haus in seiner Regierungserklärung 1976 in vergleichbar schwieriger Wirtschaftslage gesagt: Die Bundesregierung setzt bei ihren Bemühungen zuallererst – ich zitiere ihn – auf den Fleiß, die Intelligenz und das Verantwortungsbewusstsein der Deutschen. Daran knüpfe ich bewusst an, und ich bin sicher, meine Damen und Herren, wir werden es schaffen, weil wir Deutschlands Kraft vertrauen.

Ich danke Ihnen für die Aufmerksamkeit.

(Lang anhaltender Beifall bei den Regierungsparteien)

HELMUT SCHMIDT

(1974–1982)

Ergebnis der Bundestagswahl vom 19. November 1972:

SPD: 45,8 %, 230 Sitze
CDU / CSU: 44,9 %, 225 Sitze
FDP: 8,4 %, 41 Sitze

Im Mai 1974 übernahm Helmut Schmidt, der zuvor Verteidigungs- und ab 1972 Finanzminister der sozialliberalen Koalition gewesen war, die Amtsgeschäfte von Bundeskanzler Willy Brandt, der im Zusammenhang mit der Guillaume-Affäre zurücktreten musste.

Günter Guillaume, einer der engsten Mitarbeiter Brandts, war trotz eines lange bekannten Spionageverdachts immer in der Nähe Brandts geblieben. Im April 1974 wurde er dann als Stasi-Mitarbeiter enttarnt und verhaftet. Wie erst in den neunziger Jahren bekannt wurde, hatte Brandt 1972 ein Misstrauensvotum im Bundestag nur deshalb abwenden können, weil die Stasi Stimmen von mindestens zwei Abgeordneten der Unionsfraktion gekauft hatte. Rainer Barzel, der zum neuen CDU-Bundeskanzler gewählt werden sollte, fehlten letztlich nur zwei Stimmen zum Sieg.

Helmut Schmidt gelang es bei der folgenden Bundestagswahl 1976, die sozialliberale Koalition zu bestätigen, die SPD musste mit einem Ergebnis von 42,6 Prozent allerdings ihren Status als stärkste Fraktion wieder an die Union abgeben.

Regierungserklärung von Bundeskanzler Helmut Schmidt vor dem Deutschen Bundestag in Bonn am 17. Mai 1974

Frau Präsidentin! Meine Damen und Herren! Die neue Regierung der Bundesrepublik setzt das sozialliberale Bündnis fort, das seinen politischen Willen in der Regierungserklärung vom 18. Januar 1973 zum Ausdruck gebracht hat. Jene Erklärung gilt für die ganze Legislaturperiode. Heute ziehen wir eine Zwischenbilanz.

Der Wechsel im Amt ändert nichts an der fortgeltenden Richtigkeit und Notwendigkeit sozialliberaler Politik in unserem Lande.

(Beifall bei den Regierungsparteien)

Diese Leitlinie werden wir konsequent weiterhin verfolgen.

In einer Zeit weltweit wachsender Probleme konzentrieren wir uns in Realismus und Nüchternheit auf das Wesentliche, auf das, was jetzt notwendig ist, und lassen anderes beiseite. Kontinuität und Konzentration – das sind die Leitworte dieser Bundesregierung.

Die Bundesregierung will heute nicht über ihre Absichten sprechen, ohne zuvor ein Wort an den bisherigen Bundeskanzler zu richten. Wir sind uns der Leistung bewusst, die Willy Brandt für unser Land erbracht hat.

(Anhaltender lebhafter Beifall bei den Regierungspar-
teien)

Was Brandt getan hat, um der Bundesrepublik eine geach-
tete und zugleich eine beachtete Stellung zu verschaffen,
war ein hervorragender Dienst an unserem Volk, auf den
sich die deutsche Politik fürderhin stützen kann.

(Beifall bei den Regierungsparteien)

Wir danken ihm für die schöpferische Kraft, mit der er unser Land auf einen neuen Kurs innerer Reform gebracht
hat.

(Beifall bei den Regierungsparteien – Lachen bei der
CDU / CSU)

Die Reformpolitik seiner Regierung hat in einem knappen
halben Jahrzehnt mehr an gesellschaftlichem Fortschritt
gebracht als je vorher eine andere Regierung in einem
gleichen Zeitraum.

(Beifall bei den Regierungsparteien – Lachen und Zurufe
von der CDU / CSU)

Die Ostpolitik und die Deutschlandpolitik seiner Regierung war mutig, und sie war erfolgreich.

(Zurufe von der CDU / CSU)

Wie die *New York Times* es geschrieben hat:

> Er hat der Welt geholfen, einen großen Schritt auf
> den Frieden hin zu machen.

(Lebhafter Beifall bei den Regierungsparteien)

Wir sind Willy Brandt dankbar. Wir wissen, dass wir weiterhin seinen Rat brauchen und dass wir auf seinen Rat zählen können.

(Beifall bei den Regierungsparteien – Dr. Werner Marx [CDU]: Hoffentlich!)

Dank schulden wir Walter Scheel, dem kommenden Bundespräsidenten.

(Beifall bei den Regierungsparteien)

Er hat an der Seite Brandts die Friedenspolitik getragen, und er hat durch seinen liberalen Geist und seine warmherzige Menschlichkeit die Zahl unserer Freunde in der Welt gemehrt.

(Beifall bei den Regierungsparteien)

Walter Scheel wird in seinem neuen Amte in der Reihe Theodor Heuss, Heinrich Lübke und Gustav Heinemann stehen. Wir sind gewiss, dass die Bundesversammlung eine gute Wahl getroffen hat. Walter Scheel wird unser Land nach außen und nach innen überzeugend vertreten.

(Beifall bei den Regierungsparteien)

Und wir schließen in unseren Dank ein die aus der Bundesregierung ausgeschiedenen Minister.

(Beifall bei den Regierungsparteien)

Meine Damen und Herren, die sozialliberale Koalition ist seit 1969 der Motor des Fortschritts in der Bundesrepublik.

(Beifall bei den Regierungsparteien – Lachen bei der CDU / CSU)

Sie war das auch in den vergangenen achtzehn Monaten. Der Tätigkeitsbericht der Bundesregierung vom Dezember 1973 ist dafür ein eindrucksvoller Beleg.

Lassen Sie mich bei der Zwischenbilanz zunächst auf die Schwerpunkte der bisherigen Arbeit dieser Legislaturperiode zu sprechen kommen.

Ich nenne als Erstes die Steuer- und Kindergeldreform. Unser Steuerreformprogramm liegt dem Bundestag für diesen Teil der Lohn- und Einkommensteuer und des Kindergeldes seit Beginn dieses Jahres als ein Paket vor.

Verabschiedet wurde vorher das neue Außensteuerrecht, das die Möglichkeit zur Steuerflucht eingeschränkt hat. Verabschiedet ist die Reform der Vermögensteuer und der Erbschaftsteuer. Die kleineren Vermögen haben wir dabei spürbar entlastet. Die Freibeträge der Gewerbesteuer werden zum 1. Januar des kommenden Jahres angehoben, und jeder zweite Gewerbetreibende wird dann keine Gewerbeertragsteuer mehr zu zahlen haben. Die neue Abgabenordnung steht im Finanzausschuss des Parlaments zur abschließenden Beratung an.

Jetzt und in diesen Wochen geht es um das Hauptstück der Reform, nämlich um die Umgestaltung der Lohn- und Einkommensteuer und um die damit verbundene Neuordnung des Familienlastenausgleichs mit dem neuen Kindergeld. Wir wollen damit den elementaren Anspruch auf ein sozial gerechteres und, soweit dies möglich ist, ein einfacheres Einkommensteuerrecht erfüllen. Wenn diese Reform in Kraft getreten sein wird, das heißt am 1. Januar 1975, wird die Belastung der Steuerzahler, insbesondere die Belastung kleinerer und mittlerer Einkommen, jährlich um 10 bis 12 Milliarden D-Mark geringer sein als vorher. Die Einkommen der unteren und mittleren Einkommensbezieher werden sich also netto entsprechend erhöhen. Auf die schwerwiegenden Konsequenzen für die öffentlichen Finanzen und für die Leistungsfähigkeit der öffentlichen Haushalte komme ich nachher noch zurück. Ich nenne an zweiter Stelle Mitbestimmung. Am 20. Februar hat die Bundesregierung den Entwurf des neuen Mitbestimmungsgesetzes beschlossen. Wir sehen in dieser Koalition in einer Mitbestimmung, die vom Grundsatz der Gleichberechtigung und der Gleichgewichtigkeit von Arbeitnehmern und Anteilseignern ausgeht, einen der wesentlichen gesellschaftspolitischen Aktivposten der sozialliberalen Koalition. Eine Gesellschaft, die sich wirtschaftlich und sozial nach vorne bewegen will, ist ohne Mitbestimmung und ohne die dazugehörige Mitverantwortung nicht zu denken.

(Beifall bei den Regierungsparteien)

Durch die Verabschiedung des Betriebsverfassungsgesetzes und des Personalvertretungsgesetzes ist die Position des einzelnen Arbeitnehmers am Arbeitsplatz, in den Betrieben und in den Verwaltungen, gestärkt worden. Jetzt geht es um die Mitbestimmung der Arbeitnehmer in den Entscheidungsgremien der Unternehmen. Wir wollen durch Mitbestimmung den Arbeitnehmern Chancen und Rechte schaffen, auf die Gestaltung ihrer Arbeits- und Lebensverhältnisse mehr Einfluss zu nehmen. Sie sollen ihre Erfahrungen, ihre Vorschläge zur Geltung bringen können. Wir sind überzeugt, dass es zum Anfang des Jahres 1975 gelingen wird, dieses wichtige Gesetz in Kraft zu setzen.

Ich nenne drittens das Bodenrecht. Zur Reform des Bodenrechts ist mit der Verabschiedung der Novelle zum Bundesbaugesetz durch die Bundesregierung ein weiterer wichtiger Schritt getan worden. Die Novelle wird einen Teil der Wertsteigerungen, die von der Gemeinschaft bewirkt worden sind, für die Gemeinschaft in Anspruch nehmen. Sie soll den Bodenpreisanstieg dämpfen, der Spekulation Einhalt gebieten und breiten Schichten unseres Volkes den Eigentumserwerb erleichtern.

Ich nenne viertens den Umweltschutz. Die Bundesregierung hat Vorsorge getroffen zum besseren Schutz der Lebens- und Umweltbedingungen. Das Bundesimmissionsschutzgesetz schafft die Voraussetzungen, gegen die Verursacher von Luftverschmutzung und Lärmbelästigung vorzugehen. Das Wasserhaushalts- und Abwasserabgabengesetz, das Bundeswald-, das Naturschutz-, das Landschaftspflegegesetz sowie die dafür notwendigen Grundgesetzänderungen liegen dem Deutschen Bundestage vor. Es ist jetzt an der Opposition zu zeigen, ob Umweltschutz für sie nur ein Bekenntnis ist

(Beifall bei den Regierungsparteien)

oder ob sie auch bereit ist, durch konstruktive Mitarbeit den Umweltschutz in die Tat umzusetzen. Wir werden prüfen, ob die derzeitige Organisation zur Bewältigung dieser Probleme optimal ist. Die Energiekrise der vergangenen Monate wird ja über Jahre hin andauern. Niemand darf sich täuschen: Auch wenn wir genug Öl haben, die

Krise ist trotzdem nicht verschwunden. Energie ist so teuer geworden, dass wir es uns bei jedem Quäntchen Energie überlegen müssen, ob wir es benutzen.

(Herbert Wehner [SPD]: Sehr wahr!)

Die Energiekrise hat in den vergangenen Monaten, was die Organisation des Umweltschutzes angeht, einige Fragen neu und dringlicher aufgeworfen, als wir sie in der Vergangenheit gestellt hatten.

Fünftens nenne ich die berufliche Bildung. Die Bundesregierung wird sich anstrengen, um unseren jungen Mitbürgern eine qualifizierte berufliche Bildung zu sichern. Sie hat Grundsätze für die Neufassung des Berufsbildungsgesetzes vorgelegt. Bei der Gestaltung dieses Gesetzes wird die Bundesregierung nicht an dem Rat und den Erfahrungen der Betroffenen aus der Praxis der beruflichen Bildung vorbeigehen.

(Beifall bei den Regierungsparteien)

Wir wollen Gleichwertigkeit für die berufliche Bildung. Wir werden umsichtig vorgehen und uns in enger Zusammenarbeit mit allen Beteiligten um Lösungen bemühen, die sich an den berechtigten Ansprüchen der Jugendlichen auf eine qualifizierte Ausbildung orientieren und die Entwicklung unserer Volkswirtschaft fördern.

Weiterentwicklung der beruflichen Bildung heißt nicht Verschulung. Uns geht es darum, eine sinnvolle Aufgabenteilung und Zusammenarbeit von Betrieb, Schule und – soweit notwendig – auch von überbetrieblichen Ausbildungsstätten zu erreichen. Bundeskanzler Brandt hat dazu am 25. April 1974 in Hannover gesagt:

In der Bundesregierung denkt niemand daran, das bewährte zweispurige System der beruflichen Bildung, also die gemeinsame Verantwortung von Staat und Wirtschaft, abzuschaffen.

So weit das Zitat, zu dem wir stehen.

(Beifall bei den Regierungsparteien)

Bund und Länder, Wirtschaft, Schule, Betrieb und Handwerk, Arbeitgeber und Gewerkschaften, Ausbilder und Auszubildende, sie alle müssen zur Reform der Berufsbildung beitragen. Ausdrücklich erkennen wir die großen Leistungen an, die von vielen Ausbildern und Trägern der Ausbildung in den vergangenen Jahren erbracht worden sind.

(Allgemeiner Beifall)

Wir wollen für unsere jungen Menschen nicht weniger, sondern mehr Ausbildungsplätze in Werkstätten und Büros, die eine qualifizierte Berufsausbildung ermöglichen.

(Beifall bei den Regierungsparteien)

Meine Damen und Herren, ich kann heute gewiss nicht alles aufzählen, was die sozialliberale Koalition seit der Bundestagswahl 1972 in den übrigen gesellschaftspolitisch bedeutsamen Bereichen verwirklicht oder auf den Weg gebracht hat.

(Beifall bei den Regierungsparteien – Zurufe von der CDU / CSU)

Ich nenne hier nur noch einige Beispiele. Wir haben das System der sozialen Sicherung ausgebaut und die Sozialleistungen verbessert. Allein in den drei Jahren 1972, 1973 und 1974 sind die Renten um 44 Prozent gestiegen.

(Zurufe von der CDU / CSU)

– Sicher, ein Teil davon ist durch Preissteigerungen aufgezehrt worden. Tatsache bleibt, dass die reale Kaufkraft – nach Abzug der Preissteigerungen – für die Rentner binnen drei Jahren um 19 Prozent gestiegen ist.

(Beifall bei den Regierungsparteien)

Wirksame Verbesserungen gab es nicht nur bei den Sozialrenten, sondern auch in der Kriegsopferversorgung. Zusätzlich zu den Erhöhungen und den Strukturverbesserungen der letzten Jahre wurden die Termine für die Erhöhung der Kriegsopferrenten stufenweise vorgezogen. Auch der Ausbau der Agrarsozialpolitik geht weiter. Im Zuge dieser Entwicklung wird das landwirtschaftliche Altersgeld ab 1. Januar 1975 dynamisiert.

Die betriebliche Altersversorgung wird in Zukunft – zum Beispiel im Falle des Betriebswechsels oder im Fall des Konkurses – unverfallbar sein, und dies wird 12 Millionen Arbeitnehmern zusätzliche Sicherheit geben.

Bedeutende Verbesserungen für ältere Menschen, für Pflegebedürftige und Behinderte bringt das Dritte Gesetz zur Änderung des Bundessozialhilfegesetzes, das vor wenigen Wochen, am 1. April 1974, in Kraft getreten ist.

Der Humanisierung des Arbeitslebens dienen das neue Arbeitssicherheitsgesetz, das die Betriebe verpflichtet, Betriebsärzte und Fachkräfte für Arbeitssicherheit zu beschäftigen, und der Entwurf eines neuen Jugendarbeitsschutzgesetzes. Dass das neue Betriebsverfassungsgesetz und demnächst die Mitbestimmung wichtige Instrumente auch zur Humanisierung des Arbeitslebens sind, muss ich hier nicht noch einmal betonen.

Der Kernpunkt des Aktionsprogramms für Rehabilitation, das neue Schwerbehindertengesetz, ist am 1. Mai in Kraft getreten, und ein Gesetz zur Angleichung der Leistungen der Rehabilitation liegt dem Parlament vor.

Der Gesundheitsschutz wird konsequent verbessert. Alle Krankenversicherten haben seit Beginn dieses Jahres einen Rechtsanspruch auf zeitlich unbegrenzte Krankenhauspflege. Einer besseren Krankenhausversorgung dient neben dem Krankenhausfinanzierungsgesetz auch die neue Bundespflegesatzverordnung. Die Bundesregierung wird auch die medizinische Grundlagenforschung und die Forschung zur Krankheitsbekämpfung vornehmlich bei den weit verbreiteten Krankheiten, insbesondere was den Krebs angeht, systematisch fortsetzen.

Zugleich haben wir eine moderne Familienpolitik eingeleitet. Die Reform des Ehe- und Familienrechts steht im Bundestag zur abschließenden Beratung an. Das Gesetz über die elterliche Sorge erweitert den Schutz und die Rechte der Kinder.

Erlauben Sie mir in diesem Zusammenhang auch noch ein Wort zur Reform des § 218 des Strafgesetzbuches, zu einer Reform, um die in den Beratungen des Deutschen Bundestages in den letzten Wochen von allen Seiten mit großem Ernst gerungen worden ist. Ich wünsche mir, dass wir uns auch weiterhin in diesem Geist und in dieser gegenseitigen Achtung vor der Meinung des anderen begegnen.

(Beifall bei den Regierungsparteien)

Alle unter uns hier sind durch die hinter uns liegende Entscheidung vor schwerwiegende Gewissensfragen gestellt worden. Beratung und Hilfe – getragen vom Verständnis der Gesellschaft für die in solchen Konfliktsituationen stehenden Frauen und Familien – sowie die Achtung vor der Würde der Frau und ihrem Verantwortungsbewusstsein gehören zum wirksamen Schutz des werdenden Lebens.

(Zustimmung bei Abgeordneten der SPD)

Wie ernst wir das nehmen – und nehmen müssen –, zeigen die neuen Angebote der Krankenversicherung für Beratung und Familienplanung, die Leistungen für berufstätige Mütter bei Erkrankung ihrer Kinder, das Angebot von Hauspflege in schwierigen familiären Situationen und damit die Gesamttendenz des Ausbaus unserer sozialen Sicherung, nicht nur den Einzelnen, sondern auch den Familien mehr Lebenssicherheit zu geben.

(Beifall bei den Regierungsparteien)

So wird auch der Kündigungsschutz des sozialen Mietrechts in das Bürgerliche Gesetzbuch übernommen. Das neue Mietrecht hat schon in den vergangenen beiden Jahren wesentlich und wirksam zu einer Verbesserung des Schutzes der Mieter beigetragen, wie es übrigens auch den Interessen der Vermieter gerecht wird. Die Zahl der Räumungsprozesse hat seither spürbar abgenommen. Neben die rechtliche Sicherung der Mieter ist auch der Ausbau der finanziellen Sicherung getreten. Heute wird dreimal so viel Wohngeld gezahlt wie 1969.

(Zurufe von der CDU / CSU)

Fast anderthalb Millionen Haushalte erhalten heute Wohngeld.

(Beifall bei den Regierungsparteien)

Der im Herbst 1973 von den Landesregierungen und der Bundesregierung beschlossene Bildungsgesamtplan ist der langfristige Rahmen für die Entwicklung des gesamten Bildungswesens unseres Staates, der mit nüchternem Blick für das Mögliche ausgefüllt werden muss. Dazu zitiere ich aus dem Protokoll der Besprechung der Regierungschefs des Bundes und der Länder vom 20. September letzten Jahres. Es heißt dort:

> Soweit die bildungspolitischen Zielvorstellungen für diesen Zeitraum finanzielle Auswirkungen haben, erfolgt ihre Festlegung in quantitativer und zeitlicher Hinsicht in Abstimmung mit den mittelfristigen Finanzplanungen.

Das heißt: der elf Länder und des Bundes.

Das dem Bundestag vorliegende Hochschulrahmengesetz ebnet den Weg nicht nur zu einer bundeseinheitlichen Rahmenregelung der Hochschulorganisation, sondern schafft vor allem auch notwendige Voraussetzungen für die längst überfällige Studienreform.

(Beifall bei den Regierungsparteien)

Dieses Gesetz muss zügig verabschiedet werden. Die Länder und der Bund tragen dafür gleichermaßen große Verantwortung.

Das Bundesausbildungsförderungsgesetz haben wir für weitere Gruppen geöffnet. Es gilt nun auch für große Gruppen von Berufsfachschülern.

Wir haben sodann das Wettbewerbsrecht und den Verbraucherschutz weiterentwickelt: Das neue Kartellrecht verstärkt den Wettbewerb. Das Abzahlungsgesetz gibt dem Käufer bei Abzahlungsgeschäften ein befristetes Widerrufsrecht. Das Lebensmittelrecht wird verschärft, der Schutz vor schädlichen Stoffen in der Nahrung erhöht. Der entsprechende Gesetzentwurf liegt dem Bundestag zur Beschlussfassung vor.

Unser Programm zur inneren Sicherheit stärkt den entschlossen handelnden und die Rechte des Bürgers achtenden Rechtsstaat. Dieses Programm kostet Geld; das ist wahr. Aber es trägt zur Sicherung, zur Sicherheit der demokratischen Ordnung bei. Dieses gemeinsame Programm ist auch ein Ausdruck für die Möglichkeiten der Kooperation in unserem Bundesstaat, der Länder und des Bundes.

Wir haben inzwischen das Bundeskriminalamt zu einer modernen Behörde der Verbrechensbekämpfung ausgebaut. Wir garantieren die Entschädigung der Opfer von Gewaltverbrechen.

Dies alles, was ich beispielhaft nenne, meine Damen und Herren, sind Verbesserungen der Qualität unseres Lebens, die jeder Bürger überprüfen kann, Verbesserungen, auf denen wir heute und in den nächsten Monaten und Jahren aufbauen können. Diese Erfolgsbilanz spricht für sich selbst. Die Opposition, die stattdessen vom Scheitern der

Reformpolitik spricht – um Sie zu zitieren, meine Damen und Herren –, muss sich vorrechnen lassen, dass die Tatsachen anders sind.

(Beifall bei den Regierungsparteien)

Wir werden uns diese Leistungen von Ihnen nicht zerreden lassen.

(Erneuter Beifall bei den Regierungsparteien)

Ich komme zu einem anderen Kapitel. Unsere Freunde und Nachbarn, unsere Bündnis- und Vertragspartner in der Welt sollen wissen, dass die Positionen unserer Außen- und Sicherheitspolitik unverändert bleiben. Wir werden die Politik der Friedenssicherung fortsetzen und die Sicherheit unseres Landes wahren und festigen. Wir werden aktiv mitarbeiten wie bisher, um das zum Frieden notwendige Gleichgewicht der Kräfte zu erhalten.

(Beifall bei den Regierungsparteien)

Wir bekennen uns zur politischen Einigung Europas, in Partnerschaft mit den Vereinigten Staaten von Amerika.

(Beifall bei den Regierungsparteien und bei Abgeordneten der CDU / CSU)

Dafür ist die Europäische Gemeinschaft eine unersetzliche Grundlage. Ich komme auf sie noch ausführlich zurück.

Dringender denn je erscheint heute das Ziel einer europäischen politischen Union. Zusammen mit unseren Partnern in der Europäischen Gemeinschaft werden wir bestrebt sein, dieses Ziel zu verwirklichen.

Das atlantische Bündnis bleibt die elementare Grundlage unserer Sicherheit, und es bleibt der notwendige politische Rahmen für unsere Bemühungen um Entspannung in der Welt. Wir werden auch künftig an der politischen Stärkung der Allianz arbeiten und auch künftig mit der Bundeswehr unseren im Bündnis vereinbarten Beitrag zur gemeinsamen Sicherheit leisten. Unsere Soldaten erfüllen diese Aufgabe, und sie verdienen dafür unseren Dank.

(Beifall bei den Regierungsparteien und bei Abgeord-
neten der CDU / CSU)

Das Gleichgewicht in der Welt und die Sicherheit Westeuropas bleiben auf absehbare Zeit in der Zukunft von der militärischen und von der politischen Präsenz der USA in Europa abhängig. Übereinstimmende sicherheitspolitische Interessen bestimmen das europäisch-amerikanische Verhältnis.

Die Bundesregierung ist entschlossen, zusammen mit ihren Verbündeten eine Politik der Rüstungskontrolle und Rüstungsverminderung fortzusetzen und zu unterstützen, um die Gefahr machtpolitischer und militärpolitischer Pressionen einzuschränken.

In diesem Zusammenhang betrachtet sie nicht ohne Sorge die wachsenden Rüstungsanstrengungen im Warschauer Pakt.

(Dr. Karl Carstens [Fehmarn] [CDU]: Die Erkenntnis
kommt spät!)

Die Bundesregierung wünscht deshalb auch den Erfolg der amerikanisch-sowjetischen Bemühungen um die Begrenzung nuklearstrategischer Waffensysteme, meistens SALT genannt.

(Herbert Wehner [SPD]: Sehr gut!)

Sie wünscht den Erfolg dieser Begrenzungsverhandlungen,

(Beifall bei den Regierungsparteien)

und sie setzt ihre eigenen Anstrengungen für eine ausgewogene beiderseitige Verminderung von Truppen und von Rüstungen in Europa (MBFR) mit dem ernsten Willen zum Erfolg fort.

Auf dem festen Fundament unseres Bündnisses im Nordatlantikpakt pflegen wir ein gutes Verhältnis zur Sowjetunion und zu den Staaten des Warschauer Paktes. Die Bundesregierung misst hier der Konferenz über Sicherheit und Zusammenarbeit in Europa (KSZE) in Genf eine vertrauensbildende Bedeutung zu. Die außenpolitische Zusammenarbeit der Länder der Europäischen Gemeinschaft hat sich auf dieser Konferenz bewährt. Unser Ziel ist, über Entschließungen hinaus zu praktischen Ergebnissen zu gelangen, um der Entspannungspolitik in Europa zusätzlich und mehr Substanz zu geben.

(Beifall bei den Regierungsparteien)

Unser Wille zur Zusammenarbeit gilt natürlich nicht weniger jenen Staaten in Europa, die selber keiner der politischen oder der militärischen Gruppierungen angehören, aber deshalb nicht weniger an Fortschritten der Entspannung und Friedenssicherung interessiert sind. Wir werden unsere guten und bewährten Beziehungen zu diesen Staaten weiterhin pflegen, Staaten, deren Bedeutung wir hoch einschätzen.

Die internationale Entwicklung, meine Damen und Herren, zeigt uns, dass es richtig war, mit der Vertragspolitik gegenüber unseren östlichen Nachbarn die Chance nicht zu versäumen, unsere eigenen Interessen mit dem weltweiten Entspannungsprozess zu verbinden und sie in diesem Zusammenhang zu verfolgen.

(Herbert Wehner [SPD]: Sehr gut!)

Die Verträge von Moskau und Warschau und der demnächst vom Deutschen Bundestag zu ratifizierende Vertrag von Prag sind Ergebnisse unserer internationalen Entspannungsbemühungen. Das daraus resultierende Viermächteabkommen über Berlin hat die Lebensfähigkeit Berlins auf eine sichere Basis gestellt und hat zur Befriedung in Mitteleuropa beigetragen.

(Beifall bei den Regierungsparteien)

Die Bundesregierung wird ihrerseits alles tun, um die Lebensfähigkeit Berlins zu sichern, um das Vertrauen der Berliner in ihre Zukunft zu stärken und um die Bindungen ihrer Stadt an die Bundesrepublik Deutschland aufrechtzuerhalten und sie weiterzuentwickeln.

(Erneuter Beifall bei den Regierungsparteien)

Mit ihrer Vertragspolitik hat die sozialliberale Koalition, insbesondere durch den Abschluss des Vertrages über die Grundlagen der Beziehungen zwischen der Bundesrepublik Deutschland und der DDR, der Politik den praktischen Weg eröffnet, in Deutschland zu einem geregelten Miteinander zu kommen. Wir werden trotz aller Schwierigkeiten und Rückschläge in dem Bemühen nicht nachlassen, die gegenseitigen Beziehungen zu verbessern. Wir

bleiben dabei, dass die Beziehungen zwischen der Bundesrepublik Deutschland und der DDR Beziehungen von besonderer Art sind.

(Unruhe bei der CDU / CSU)

Wir haben im Geiste der Entspannungspolitik und im
Interesse aller Deutschen mit der DDR Verträge geschlossen. Diese Verträge bestehen nicht nur aus Buchstaben.

(Beifall bei den Regierungsparteien)

Beide Vertragspartner müssen sich auch an den Geist der
abgeschlossenen Verträge halten.

*(Erneuter Beifall bei den Regierungsparteien und bei
Abgeordneten der CDU / CSU)*

Mit diesem Geist ist der schwerwiegende Spionagefall
nicht vereinbar,

*(Beifall bei den Regierungsparteien und bei Abgeord-
neten der CDU / CSU)*

ein Fall, der die Menschen in Ost und West in diesen
Tagen tief beunruhigt. Wir kennzeichnen diesen Fall in
aller Offenheit als eine ernste Belastung des Verhältnisses
zwischen den Vertragspartnern,

(erneuter Beifall bei den Regierungsparteien)

und wir sagen dies, zumal wir selbst entschlossen sind,
von unserer Seite aus den Vertrag nach Buchstaben und
nach seinem Geiste voll zu erfüllen.

(Beifall bei den Regierungsparteien)

Wir haben ein unverändertes lebenswichtiges Interesse
an einer gerechten und dauerhaften Friedensregelung im

Nahen Osten. Ich bekräftige hier die Politik meines Vorgängers im Amte. Wir unterstützen genau wie bisher die Friedensbemühungen in dieser Region und wollen zusammen mit unseren Partnern bei der Suche nach dem Frieden mithelfen.

Darüber hinaus werden wir alles tun, um unsere Beziehungen zu den Staaten Asiens, zum Fernen Osten, unsere traditionelle Freundschaft mit den Ländern Lateinamerikas und auch die Entwicklung unseres partnerschaftlichen Verhältnisses mit den Staaten Afrikas auszubauen. Das Recht auf Selbstbestimmung, das wir für uns selbst in Anspruch nehmen, muss unserer Überzeugung nach für alle auf der Welt gelten.

(Beifall bei den Regierungsparteien)

Ich muss, meine Damen und Herren, einige Bemerkungen zu den Risiken machen, die sich für uns in Deutschland aus der Entwicklung der Weltwirtschaft ergeben, und zu den Risiken, die sich für uns in Deutschland aus der wirtschaftlichen Entwicklung der Europäischen Gemeinschaften ergeben.

Die Bundesrepublik Deutschland wird sich ihren Aufgaben in der Welt stellen, das ist klar. Wir haben mit dem Beitritt zu den Vereinten Nationen den Prozess unserer Wiedereingliederung in die Völkerfamilie abgeschlossen. Dieser Schritt bringt auch Verpflichtungen mit sich, weil zahlreiche Glieder dieser Völkerfamilie auf Hilfe angewiesen sind. Wir haben die feste Absicht, unsere Verpflichtungen zu erfüllen. Man wird auf uns zählen können. Man wird uns allerdings auch nicht überfordern dürfen.

Unser Land ist – gemeinsam mit den Vereinigten Staaten von Amerika – ein führender, der führende Handelspartner in der Weltwirtschaft. Aber die Amerikaner exportieren nur 4 Prozent ihres Sozialprodukts, wir Deutschen, die Bundesrepublik, exportieren über 22 Prozent unseres Bruttosozialprodukts. Das macht deutlich, wie abhängig unser Land vom Außenhandel ist und wie abhängig, wie anfällig wir deshalb auch gegen alle Störungen im weltwirtschaftlichen System sind. Unsere Arbeitsplätze sind eben in sehr hohem Maße – zu mehr als einem Fünftel aller Arbeitsplätze – von der Entwicklung der Weltwirtschaft, von der Entwicklung des Welthandels abhängig. Die Erträge, die Höhe der Investitionen, die erzielten Produktivitätsfortschritte und damit der Lebensstandard und damit auch die Preise – alles ist dies in unserem Lande auf das stärkste von der Weltwirtschaft beeinflusst. Wir brauchen deshalb eine stabile, eine stetige Weltwirtschaft. Wir brauchen freien Handel. Wir brauchen ein geordnetes, ein funktionstüchtiges Weltwährungssystem. Protektionismus ist eine Sackgasse.

(Sehr wahr! bei der SPD)

Deshalb sind wir für Vertiefung der währungspolitischen Zusammenarbeit und für Ausbau und für Festigung der Regeln für den Welthandel, wie sie im Rahmen des Internationalen Zoll- und Handelsabkommens, meisthin GATT genannt, festgelegt und völkerrechtlich vereinbart sind.

Die Beschlüsse der Rohstoff- und Entwicklungskonferenz der Vereinten Nationen haben deutlich gemacht, dass die künftige Ordnung der Weltwirtschaft auch ein neues Verhältnis zu den Entwicklungsländern, zu den Rohstoffländern einschließen muss. Wir werden dem durch eine weltoffene Handelspolitik, weltoffene Struktur- und Währungspolitik Rechnung tragen.

Nun werden allerdings rund zwei Drittel unserer Ausfuhr und unserer Einfuhr mit den Partnern in der Europäischen Gemeinschaft und mit den in ihr verbundenen europäischen Ländern der früheren EFTA-Zone abgewickelt. Aus diesem Grunde – wie auch aus allgemeinen politischen Gründen – ist es für uns von ganz großer Bedeutung, die Europäische Gemeinschaft und die von ihr bereits verwirklichten Elemente gemeinsamen Handelns und wirtschaftlicher Zusammenarbeit voll funktionsfähig zu halten. Denn wir wissen, dass unser Wohlstand auch von der Funktionstüchtigkeit und von dem Fortbestand der Europäischen Gemeinschaft und des gemeinsamen Marktes abhängt.

(Beifall bei den Regierungsparteien)

Im jahrelangen Bemühen, in dem sich vor allem Bundeskanzler Brandt unermüdlich eingesetzt hat, ist es gelungen, durch den Beitritt weiterer Mitglieder der Europäischen Gemeinschaft eine neue Dimension zu geben. Allerdings sind damit die Probleme noch nicht überwunden, die durch die lange Verzögerung des Beitritts vergrößert worden waren.

Die europäischen Partnerstaaten – und das schloss dann 1972 auch schon die drei neuen Mitglieder ein – haben sich auf den Gipfelkonferenzen 1969 in Den Haag und 1972 in

Paris ehrgeizige Ziele gesetzt, sehr ehrgeizige Ziele. Für uns bleiben diese Ziele gültig. Dennoch dürfen wir heute nicht verkennen, dass vor allem die Turbulenzen des Weltwährungssystems, dass die massive Verteuerung der für ganz Westeuropa lebenswichtigen Rohstoffe, die die Weltwirtschaft uns liefert, und dass die sehr unterschiedlichen Bemühungen und Ergebnisse um Preisstabilität und Steigerung der Produktivität in den einzelnen EG-Ländern zu sehr weitreichenden Unterschieden innerhalb der Gemeinschaft der neun geführt haben.

Wir sehen mit großen Sorgen die Maßnahmen, die einige Mitgliedstaaten in dieser Situation ergreifen, die zu einer Abschließung der europäischen Partner und ihrer Märkte gegeneinander führen könnten. Die Bundesregierung wird deshalb mit ihren Partnern nachdrücklich über konkrete Schritte sprechen müssen. Der Bestand der Gemeinschaft, insbesondere der gemeinsame Markt, muss erhalten bleiben. Die europäische Solidarität muss dazu gesichert und weiterentwickelt werden. Unser Land ist bereit, dazu den Beitrag zu leisten, der unserer Leistungsfähigkeit und auch unserer Stabilität entspricht. Ich denke, dass unsere traditionell freundschaftliche und sogar vertraglich gefestigte Beziehung zu Frankreich uns dabei helfen wird. Sie wird sich dabei allerdings gleichzeitig auch neu bewähren müssen.

(Beifall bei den Regierungsparteien)

Unter diesen Umständen der EG, die wir ohne jede Illusion sehen, müssen wir gemeinsam mit unseren Partnern prüfen, wie die bisher gesteckten Ziele für die Wirtschafts-

und Währungsunion verwirklicht werden können. An unserer Mitwirkung kann es keinen Zweifel geben.

Für alle Beteiligten muss aber auch klar sein: Die Wiedergewinnung wirtschaftlicher Stabilität kann und muss von den Regierungen und von den Parlamenten im Wesentlichen in ihren eigenen Ländern durchgesetzt werden.

(Beifall bei den Regierungsparteien und bei Abgeordneten der CDU / CSU)

Hilfe durch die Gemeinschaft – das ist ja dann auch Hilfe durch die Bundesrepublik – kann da nur ergänzend eingesetzt werden. Partnerschaftlicher Beistand kann ja doch auch in unserem eigenen Land nur verantwortet werden, wenn das empfangende Land durch seine entschlossenen Anstrengungen die Voraussetzungen dafür schafft, dass dieser Beistand überhaupt wirksam, effektiv werden kann.

(Beifall bei den Regierungsparteien und vereinzelt bei der CDU / CSU)

Vor dem Hintergrund dieser Risiken, über die man in diesem Jahr sprechen muss – Risiken, die sich aus der Weltwirtschaft und aus der Lage der EG ergeben –, ein Wort zu unserer eigenen sozialen und wirtschaftlichen Lage. Unsere eigene wirtschaftliche Lage vor dem Hintergrund, von dem ich sprach, ist trotz der enormen Veränderung der Weltwirtschaft seit der Regierungserklärung der Regierung Brandt / Scheel im Januar 1973 gut.

(Beifall bei den Regierungsparteien – Zurufe und Lachen bei der CDU / CSU)

– Über das, was uns bekümmert, werde ich sehr sorgfältig reden. Es braucht keiner zu befürchten, ich würde irgendetwas verschweigen.

(Beifall bei den Regierungsparteien)

Die weltwirtschaftlichen Umwälzungen gehen vom Energie- und Rohstoffbereich mit ihren exzessiven, von uns nicht beeinflussbaren Preissteigerungen am Weltmarkt aus. Im Verlaufe kürzester Frist haben sich die Rohölpreise auf der Welt verdreifacht, haben sich die Rohstoffpreise insgesamt beinahe verdoppelt – in zwölf Monaten, gewichtet für alle Rohstoffe!

(Herbert Wehner [SPD]: Hört! Hört!)

Die Gesamtheit unserer Einfuhrpreise einschließlich der Preise unserer Fertigwareneinfuhren ist im Verlauf von nur zwölf Monaten um 35 Prozent gestiegen. Hier haben Sie drei Zahlen für das, was ich die Risiken aus der Weltwirtschaft nenne, die uns bedrängen.

Im Inland dagegen hat sich die Preissteigerungsrate für den Verbraucher seit Jahresfrist kaum verändert. Sie liegt heute bei 7,1 Prozent; vor Jahresfrist lag sie etwa in derselben Größenordnung. In einer Zeit, in der in anderen Ländern die inländischen Preise sehr viel schneller, teilweise sprunghaft ansteigen, ist dies ein Erfolg, wie er in keinem anderen Lande verzeichnet werden kann.

(Lebhafter Beifall bei den Regierungsparteien)

Die Mehrheit der Bürger weiß dies auch und erkennt es an.

(Beifall bei den Regierungsparteien – Unruhe bei der CDU / CSU)

Der Opposition empfehle ich das Studium der gestern von der OECD in Paris veröffentlichten statistischen Arbeit, aus der sich ergibt, dass von allen vierundzwanzig OECD-Staaten in den letzten zwölf Monaten die Bundesrepublik Deutschland ganz eindeutig den geringsten Preissteigerungsgrad aufzuweisen hat. Das heißt, wir schneiden von allen vierundzwanzig Industriestaaten der Welt am besten ab. Das sollen Sie erst noch mal besser machen, meine Damen und Herren!

(Anhaltender lebhafter Beifall bei den Regierungsparteien)

Wir werden uns wie bisher anstrengen, den hohen Beschäftigungsstand zu erhalten. Wenn wir uns international mit anderen vergleichen, so stellen wir fest, dass wir einen wertvollen Besitzstand zu bewahren und auszubauen haben: Unsere Arbeitsplätze sind sicher, unsere Löhne können sich sehen lassen, und bei uns ist der Arbeitsfriede gewahrt.

(Beifall bei den Regierungsparteien)

Dabei gehen die Leistungen der Arbeiter und der Angestellten und die Leistungen der Gewerkschaften weit über das Materielle hinaus. Wenn die Demokratie in diesem Lande gefestigt ist, so verdanken wir dies ganz wesentlich der Tatsache, dass die Arbeitnehmer zu dieser zweiten deutschen Republik stehen.

(Beifall bei den Regierungsparteien)

Nur solange dies so bleibt, bleibt die Demokratie stabil.

(Beifall bei den Regierungsparteien)

Wirtschaftliche Not und Massenarbeitslosigkeit haben einst das Feuer entfacht, in dem die erste deutsche Republik verbrannt ist.

(Unruhe bei der CDU / CSU)

Dieser Lehre haben alle Regierungen zu folgen. Ihre Pflicht ist es, jene soziale Sicherheit und jene Gerechtigkeit fortschreitend zu verwirklichen, aus der allein die Identifikation der Arbeitnehmer mit ihrem Staat kommen kann.

(Beifall bei den Regierungsparteien)

Auch 1973, meine Damen und Herren, sind die Realeinkommen gestiegen, durchschnittlich um fast 2 Prozent. Sie werden auch 1974 zunehmen. 1975 wird allein die Reform von Lohnsteuer und Kindergeld für einen typischen Arbeitnehmerhaushalt mit zwei Kindern das Nettoeinkommen um rund 4 Prozent verbessern.

Allerdings, die Umstrukturierung der Volkswirtschaft, die Explosion der Rohstoffpreise und die Umkehrung der Terms of Trade zulasten der Industrieprodukte und zugunsten der Rohstoffe, all dies setzt Grenzen für das Wachstum unserer Realeinkommen, Grenzen, die nur schwer zu überwinden sind.

Unsere wiederholte und seit der Freigabe der Wechselkurse nachhaltige Aufwertung der D-Mark hat uns geholfen, mit weltweiten Schwierigkeiten und weltweiten Preissteigerungen erheblich besser fertigzuwerden als andere Länder.

Mit Recht kommen unvoreingenommene Betrachter der Leistung der Regierung Brandt / Scheel zu dem Urteil,

dass die Bundesrepublik den wirtschaftspolitischen Haupt-
zielen – nämlich erstens hoher Beschäftigungsstand, zweitens Preisstabilität, drittens Wirtschaftswachstum – unter
allen Industrieländern derzeit am nächsten kommt. Ich
zitiere das *Handelsblatt*, indem ich dies sage. Wenn man
nun viertens die soziale Sicherheit dazunimmt und wenn
man fünftens die soziale Gerechtigkeit dazunimmt, dann
gilt diese eben zitierte Feststellung erst recht.

(Beifall bei den Regierungsparteien)

Weil das so ist, deswegen ist es auch ganz logisch, dass eine
große Mehrheit – mehr als zwei Drittel – der Bürger auf
die Frage »Wie sehen Sie Ihre wirtschaftliche Zukunft?«
antwortet: »Mir geht es gut, und ich erwarte das auch weiterhin.« Gleichwohl, so sagen manche von ihnen auch, sei
aber die allgemeine oder die gesamtwirtschaftliche Entwicklung lange nicht so gut zu beurteilen wie ihre persönliche wirtschaftliche Lage und ihre persönliche wirtschaftliche Zukunft. Ich habe Verständnis für diese Sorgen
angesichts dieser neuen, völlig ungewohnten Vorgänge
auf den Weltmärkten – ob es die Gütermärkte sind, ob es
die Geldmärkte oder die Devisenmärkte sind –, wie wir
sie in den letzten zwei Jahren erlebt haben. Aber ich habe
kein Verständnis, wenn einzelne Sprecher der Opposition
diese berechtigten Sorgen zu einer Kampagne ausnutzen
möchten, die doch nur Angst schüren soll.

(Lebhafter Beifall bei den Regierungsparteien)

Diese Regierung wird nicht zulassen, dass die Opposition
damit genau den Zustand herbeiredet, den sie als existent
suggerieren möchte.

(Beifall bei den Regierungsparteien)

Die bisherigen Leistungen unserer Volkswirtschaft geben dieser Regierung, geben uns das Vertrauen, dass wir auch künftig neue Herausforderungen erfolgreich bestehen können, alle miteinander.

Bleiben wir, meine Damen und Herren, bei den Tatsachen und bleiben wir bei den Zahlen! Weitaus dem größten Teil des Volkes geht es heute materiell und wirtschaftlich gut, das heißt besser denn je.

(Beifall bei den Regierungsparteien)

Die Realeinkommen der Arbeitnehmer – ich sprach schon von ihnen – sind in den letzten Jahren stärker gestiegen als die Einkommen aus Unternehmertätigkeit. Der Anteil der Arbeitnehmereinkommen am gesamten Volkseinkommen ist von 1969, wo diese Koalition angetreten ist, bis 1973 von 65 Prozent auf 70 Prozent gestiegen. Um die Zunahme der Beschäftigtenzahl bereinigt stieg diese Lohnquote von 1969 bis 1973 von 61 Prozent auf 63 Prozent. Gleichzeitig ging der Anteil der Einkommen aus Unternehmertätigkeit und aus Vermögen von damals knapp 35 Prozent auf 30 Prozent zurück. Das ist einerseits ein großer Erfolg der Verteilungsgerechtigkeit. Man kann die Verteilungsgerechtigkeit messen, wenn man weiß, dass jede Verschiebung um ein Prozent acht Milliarden D-Mark Einkommensverschiebungen bedeutet.

Andererseits müssen wir auch die Grenzen sehen; denn angemessene Erträge sind Voraussetzung für die notwendigen Investitionen in der Wirtschaft. Mit sinkenden Investitionen wäre weder der Volkswirtschaft insgesamt noch dem einzelnen Arbeitnehmer gedient.

(Beifall bei den Regierungsparteien)

Nur die fortwährende Modernisierung unserer Volkswirtschaft – und das ist das, was mit Investitionen erreicht wird – sichert und verbessert unseren Lebensstandard und die Leistungsfähigkeit auch des Staates für seine Bürger. Dazu bedarf es ausreichender Investitionen, nicht nur privater, sondern auch öffentlicher Investitionen: in den Gemeinden, in den Ländern und zu einem kleinen Teil auch beim Bund. Ohne Investitionen kein Wachstum;

(Zuruf von der CDU / CSU: Nicht neu!)

ohne Investitionen keine Arbeitsplatzsicherheit, keine höheren Löhne und auch kein sozialer Fortschritt.

(Beifall bei der FDP)

Wir werden den Kurs unserer Wirtschafts- und Finanzpolitik fortsetzen, um bei Sicherung eines hohen Beschäftigungsstandes schrittweise auch mehr Geldwertstabilität zurückzugewinnen. Das bedeutet: Unsere Währungspolitik wird, auf der Grundlage flexibler Wechselkurse, in Gemeinschaft mit unseren Partnerländern in der sogenannten Schlange auf ein Höchstmaß an außenwirtschaftlicher Absicherung ausgerichtet bleiben. Wir können dabei Umstellungen in einzelnen Branchen unserer Wirtschaft nicht ausschließen. Man kann unsere harte D-Mark nicht mit weichen Maßnahmen verteidigen.

(Beifall bei den Regierungsparteien – Herbert Wehner [SPD]: Sehr wahr!)

Auf der Basis dieser währungspolitischen Absicherung wird die Geld- und Kreditpolitik ihre Rolle spielen können. Sie wird eine angemessene, aber knappe Geldversorgung sichern. Die enge Kooperation mit der Deutschen Bundesbank wird fortgesetzt werden.

Die Haushaltspolitik der Bundesregierung wird im Rahmen des diesem Hause vorliegenden Haushaltsentwurfs 1974 etwaigen übermäßigen Beschäftigungsrisiken in bestimmten Regionen und in bestimmten Branchen entgegenwirken.

Nun müssen wir die unausweichlichen Belastungen durch die Stabilitätspolitik so gering wie möglich halten. Deshalb haben wir zum Beispiel unser Förderungsprogramm für die gewerblichen Mittelschichten wieder aufgenommen und ausgebaut. Deshalb haben wir, zusammen mit Ländern und Gemeinden, ein Sonderprogramm mit zusätzlichen Infrastrukturinvestitionen und öffentlichen Beschaffungen im Umfang von rund 900 Millionen D-Mark in Gebieten mit speziellen Strukturproblemen in Gang gesetzt.

Die Bundesregierung wird bei ihren zukünftigen Bemühungen um mehr Stabilität die gesellschaftlichen Gruppen nicht aus deren Verantwortung entlassen. Das gilt für die Unternehmer und die Gewerkschaften in gleicher Weise. Verantwortung für das Ganze ist eine entscheidende Voraussetzung für die Tarifautonomie, die wir verteidigen.

(Beifall bei den Regierungsparteien)

Dabei stehen wir einer Opposition im Bundestag und im Bundesrat gegenüber, die gleichzeitig Forderungen nach Steuersenkungen und nach Haushaltsmehrausgaben erhebt.

(Erneuter Beifall bei den Regierungsparteien)

Mit solchen Forderungen wird den Interessengruppen suggeriert, sie könnten Ansprüche stellen, von denen doch die Opposition weiß, dass sie nicht erfüllt werden können.

(Beifall bei den Regierungsparteien – Herbert Wehner [SPD]: Sehr wahr!)

Dadurch wird die Leistungsfähigkeit des Staates überhaupt infrage gestellt, und dies ist nicht zu verantworten.

(Beifall bei den Regierungsparteien)

Es wird die finanzpolitische Hauptaufgabe für die zweite Hälfte dieser Legislaturperiode sein, die dringenden öffentlichen Aufgaben zu erfüllen und zugleich die Stabilitätspolitik konsequent zu unterstützen. Ich will es klar sagen: Der Bundeskanzler wird bei der Erfüllung dieser Aufgabe an der Seite des Bundesministers der Finanzen stehen.

(Beifall bei den Regierungsparteien)

Damit komme ich zur Betrachtung der finanzwirtschaftlichen Grenzen, die wir zu beachten haben. So gut unsere Wirtschaftslage im internationalen Vergleich ist, so wenig dürfen wir daran vorbeisehen, dass die Vorgänge draußen in der Weltwirtschaft von uns eine Besinnung auf das Mögliche verlangen. Die öffentlichen Aufgaben haben sich erweitert. Damit stellt sich schärfer als zuvor die Notwendigkeit, der an den Staat gerichteten Leistungserwartung auch das notwendige Verantwortungsbewusstsein für die Leistungsfähigkeit des Staates wieder an die Seite zu stellen.

(Beifall bei den Regierungsparteien)

Die Verwirklichung der Steuer- und Kindergeldreform wird die öffentlichen Haushalte allesamt in einem Ausmaß belasten, das 1975 den Leistungsmöglichkeiten des Staats in den übrigen Bereichen sehr enge Grenzen setzt; und zwar gilt das für Länder, Gemeinden und den Bund gleicherweise. Man kann nicht ab Januar 1975 für den Verlauf des Jahres 1975 den Steuerzahlern um 10 bis 12 Milliarden D-Mark die Steuerlast erleichtern und glauben, denselben Betrag gleichzeitig noch einmal ausgeben zu können.

(Beifall bei den Regierungsparteien – Herbert Wehner [SPD]: Sehr wahr!)

Deswegen müssen wir bei der Ausgestaltung der öffentlichen Haushalte – ich rede nicht nur vom Bund! – für 1975 alle übertriebenen Forderungen abwehren. Das gilt für alle Bereiche, das gilt auch für den öffentlichen Dienst. Das nämlich sind wir den Steuerzahlern schuldig, die doch einen Vorteil haben sollen aus der Steuer- und Kindergeldreform.

(Beifall bei den Regierungsparteien)

Illustrativ in dem Zusammenhang ein Wort zum Ausbau der Bundeshauptstadt Bonn. Es ist notwendig, sich Vorstellungen zu machen über Bonns Zukunft, schon um städtebauliche Fehlentwicklungen zu vermeiden. An einer solchen Vorstellung für die Zukunft hat es lange Jahre gefehlt. Aber alle Beteiligten müssen auch wissen, dass die finanzwirtschaftliche Lage uns keine ungewöhnlich hohen Aufwendungen erlaubt, schon gar nicht in kurzer Zeit.

(Beifall bei den Regierungsparteien)

Ein scharfer Maßstab muss auch für zusätzliche Ansprüche gelten, die die Parlamente – ich rede in der Mehrzahl! – an die Finanzminister – ich rede wieder in der Mehrzahl! – richten. Das gilt nämlich wiederum auch für elf Landesparlamente und für das Bundesparlament. Die Bundesregierung wird alle verfassungsmäßigen und alle politischen Möglichkeiten voll nutzen, um Bund, Länder und Gemeinden auf eine sparsame Ausgabenpolitik ab 1975 zu verpflichten. Wenn 1975 die Steuer- und Kindergeldreform mit ihren Milliardenbeträgen an Entlastungen in Kraft getreten ist, können wir uns auf allen drei Ebenen – jedenfalls aus heutiger Sicht – die bisherigen hohen Zuwachsraten bei den öffentlichen Ausgaben nicht mehr leisten.

(Beifall bei den Regierungsparteien)

Deshalb erfordert die Entlastung der Steuerzahler durch die Steuer- und Kindergeldreform zugleich ein solidarisches Verhalten aller Gebietskörperschaften unseres Bundesstaats, um die Belastungen für die öffentlichen Haushalte entsprechend der von den Regierungschefs von Bund und Ländern vereinbarten Revisionsklausel zum Finanzausgleich gemeinsam aufzufangen. Bundestag und Bundesrat haben es in der Hand, durch Verzicht auf ausgabenwirksame Gesetze

(Albert Leicht [CDU]: Und die Bundesregierung!)

und Verzicht auf Initiativen zu vermeiden, dass der Mehrwertsteuersatz erhöht werden müsste; denn das wäre möglicherweise zum Schluss die einzige Deckungsmöglichkeit für Einnahmelücken dieses Umfangs. Die Bundesregierung hat nicht die Absicht, die Mehrwertsteuer zu erhöhen.

Ich will hier nicht verschweigen, dass der Bund, indem er die Bundesratsvorstellungen zum Kinderlastenausgleich übernehmen musste, sich in dieser Hinsicht vollständig den Ländern in die Hand gegeben hat. Ich will das ganz offen aussprechen. Wir sind damit abhängig von der Einsicht des Bundesrates. Käme es bei der notwendigen Steuerumverteilung ab 1975, Finanzausgleich genannt, nicht zu einem vernünftigen Ergebnis, so müssten wir – das ist ganz klar – im Bundeshaushalt zu Einschränkungen kommen, die wir weder politisch noch tatsächlich, weder wirtschaftlich noch sozial für gerechtfertigt halten könnten.

Ich sage ganz offen: Wir setzen deshalb und wir müssen deshalb auf die Vernunft der Ländermehrheit im Bundesrat setzen, bei der Umsatzsteuerneuverteilung zu einem Ergebnis zu kommen das der damals zwischen den Regierungschefs und dem Bundeskanzler verabredeten Revisionsklausel entspricht und in der Grundrichtung auch zu keiner anderen Verteilung aus der Steuerreform folgender Mindereinnahmen auf die Gebietskörperschaften führt, als sie sich ergeben würde, wenn etwa das von der Ländermehrheit gestützte, von der Opposition fälschlicherweise so genannte »Inflationsentlastungsgesetz« in Kraft treten würde. Das würde ja dasselbe Problem aufwerfen.

Wir schließen bei dieser Sparsamkeit, die notwendig wird, die Beschränkung von Leistungsansprüchen aus, die den

Bürgern gesetzlich zugesichert sind. Die Bundesregierung wird aber überall konsequent sein, wo Ausgabenbegrenzungen notwendig und vertretbar sind.

Im Bundesausbildungsförderungsgesetz zum Beispiel werden allein die Bundesausgaben von 1972 bis 1975 um fast eine Milliarde auf das Doppelte ansteigen. Wir halten es deshalb für angemessen, die Förderung der Studenten teilweise auf Darlehen umzustellen.

(Beifall bei den Regierungsparteien)

Ich begrüße es, dass am 10. Mai 1974 alle Länder im Bundesrat der Darlehenskonzeption zugestimmt haben und sich damit wohltuend unterschieden haben von zwar sehr populären, vordergründig populären, aber wenig verantwortungsvollen Anträgen der Opposition im Bundestag,

(Beifall bei den Regierungsparteien)

die über die von der Bundesregierung vorgesehenen Erhöhungen hinaus Leistungen fordert, die jährlich abermals eine halbe Milliarde Mark kosten würden, wenn wir solchen Anträgen folgen wollten.

(Herbert Wehner [SPD]: Hört! Hört!)

Mit der von der Bundesregierung eingebrachten 28. Novelle zum Lastenausgleichsgesetz, die zurzeit beraten wird, und eventuellen geringfügigen Korrekturen, die mit der Geschichte der Deutschen notwendigerweise zusammenhängen, betrachtet die Bundesregierung den Komplex dieser Kriegsfolgelast, das heißt also insbesondere Kriegsgefangenenentschädigung, Lastenausgleich, Wiedergutmachung und Gesetz zu Artikel 131, als abgeschlossen.

(Hört! Hört! bei der CDU / CSU)

Die Bundesrepublik Deutschland, das heißt, die Steuerzahler der Bundesrepublik haben in den vergangenen Jahren 220 Milliarden D-Mark aufgebracht, und sie werden nach dem geltenden Recht in der Zukunft noch einmal 174 Milliarden D-Mark für diese Kriegsfolgelast aufbringen müssen. Darüber hinaus sieht die Bundesregierung keine Möglichkeit mehr, noch weitere Belastungen auf die Steuerzahler zu wälzen.

(Beifall bei den Regierungsparteien)

Die Bundesregierung weiß dabei, dass eine voll befriedigende Regelung all der vielen Entschädigungen, die man sich wünschen möchte, nicht zu erreichen ist. Dazu reicht eben die steuerliche Leistungsfähigkeit dieses Volkes nicht aus. Jetzt müssen die in der Zukunft liegenden Aufgaben den Vorrang bekommen. Auch deren Erfüllung dient den Geschädigten.

(Beifall bei den Regierungsparteien)

Ich muss jetzt ein heikles Kapitel ansprechen. Die Bundesregierung unternimmt ernste Bemühungen, ein Gesetz zur Vermögensbildung vorzubereiten. An diesem Vorhaben hält die Regierung fest. Die Grundlinien dafür sind vom Kabinett verabschiedet worden. Bei der Vorbereitung des Gesetzentwurfs hat sich gezeigt, dass es auf diesem Neuland große rechtliche und auch technische Schwierigkeiten gibt. So ist zum Beispiel die Bewertung von Anteilsrechten von Gesellschaften, die nicht an der Börse notiert sind, bislang nicht befriedigend gelöst. Dieses Problem und andere schwierige Fragen müssen gründlich geklärt werden.

Die Bundesregierung wird deshalb im Rahmen der Fortsetzung der Arbeit an diesem Gesetzentwurf beim Bundesminister der Finanzen eine interministeriell zusammengesetzte Organisationseinheit schaffen,

(Dr. Hans Katzer [CDU]: Das hatten wir schon einmal!)

die nur an diesem Komplex arbeiten soll, und zwar mit dem Ziel, den Gesetzentwurf in der Bundesregierung und im Bundestag so rechtzeitig verabschieden zu können, dass er zu Beginn des Jahres 1978 wirksam werden kann. Das bedeutet, dass er in dieser Legislaturperiode wenigstens noch eingebracht werden muss.

(Beifall bei den Regierungsparteien)

Ebenso wird an der Einführung des Anrechnungsverfahrens im Rahmen der Körperschaftsteuer festgehalten; die Ergänzungsabgabe für Körperschaften geht dann in dem erhöhten Satz auf. Dieser Gesetzentwurf soll am 1. Januar 1977 in Kraft treten. Auch hier haben wir aus Erfahrung gelernt: Weder die Ministerien noch der Finanzausschuss waren trotz all der vielen Überstunden in der Lage – weil eben die Gesetzgebungskapazität insgesamt nicht ausreicht –, das im Jahr 1969 in Angriff genommene Gesamtprogramm der Steuerreform zu den damals in Aussicht genommenen Terminen zu bewältigen.

Die Gesetzgebungskapazität bleibt begrenzt. Deswegen hat man die einzelnen Teile zeitlich auseinanderziehen müssen. Die Grundsteuerreform trat am 1. Januar 1974 in Kraft. Die Außensteuer habe ich schon erwähnt. Die weiteren Termine stellen sich wie folgt dar: Erbschaft- und Vermögensteuer: 1. Januar 1974, Einkommensteuer:

1. Januar 1975, Körperschaftsteuer: 1. Januar 1977, Vermögensbildung: 1. Januar 1978. Das sind die zeitlichen Vorstellungen, die wir uns bei realistischer und nüchterner Betrachtung dessen, was geleistet werden kann, heute machen.

Die in der Regierungserklärung vom Januar 1973 als in Vorbereitung angekündigte Bodenwertzuwachssteuer lässt nach dem Stand ihrer Vorarbeiten erkennen, dass auch sie in der laufenden Legislaturperiode nicht zum Abschluss gebracht werden kann.

Meine Damen und Herren, ich komme zu einigen Bemerkungen über die Modernisierung unserer Volkswirtschaft, die sich aus der veränderten Lage der letzten zwölf Monate ergibt. Durch Energiekrise, Rohstoffverknappung und durch die veränderten Preisrelationen sind wir vor neue Aufgaben gestellt worden, die wir anpacken müssen. Hier müssen Industrie, Wissenschaft und Staat, Parlament und Regierung gemeinsam die Probleme meistern.

Das gilt insbesondere für die Energiepolitik. Die Bundesregierung sieht hier einen ganz wichtigen Schwerpunkt ihrer zukünftigen Aktivitäten. Sie hat mit dem Energieprogramm vom Sommer 1973 erstmals ein Konzept zur langfristigen Sicherung unserer Energieversorgung geschaffen. Diese Vorsorge hat sich dann schon bei der Energiekrise an der Jahreswende als äußerst nützlich erwiesen.

Ein Kernstück dieses Programms ist die Zusammenfassung deutscher Mineralölgesellschaften zu einer im internationalen Maßstab handlungsfähigen Unternehmenseinheit. Auf diesem Wege sind wir ein gutes Stück weitergekommen: Der Bund hat 1973 die Aktienmehrheit an Gelsenberg übernommen und wird den Zusammenschluss von VEBA und Gelsenberg im Rahmen des VEBA-Konzerns noch in dieser Legislaturperiode verwirklichen. Die Widerstände dagegen – übrigens nicht von der Mineralölwirtschaft, sondern aus der Ruhrindustrie – werden wir überwinden.

(Beifall bei der SPD und bei Abgeordneten der FDP)

Die Bundesregierung wird weitere Maßnahmen ergreifen, um langfristig den Ölanteil an unserer Gesamt-Energieversorgung zu reduzieren und andere Energieträger, nämlich Erdgas, Kernenergie, Steinkohle, Braunkohle, stärker zu entwickeln. Der heimische Steinkohlenbergbau erlangt in der jüngsten Perspektive eine neue Bedeutung. Seine Stellung hat sich gefestigt. Dies wird auch bei der Fortschreibung des Energieprogramms, die in diesem Jahr erfolgen soll, zum Ausdruck kommen. Es ist ganz klar, dass der Bund die Finanzierung einer auszuweitenden Energiepolitik nicht allein leisten kann.

Beim Bau neuer Kraftwerke müssen die berechtigten Forderungen des Umweltschutzes berücksichtigt werden, ohne dass es zu Verzögerungen kommt, die sachlich nicht geboten und nicht erlaubt sind.

(Beifall bei den Regierungsparteien)

Längerfristig ist die Energieforschung einer der unentbehrlichen Schlüssel zur Verbesserung und Stärkung der Versorgung unseres Landes mit Energie. Die Bundesregierung hat im Januar 1974 zusätzlich ein Programm für die nichtnukleare Energieforschung beschlossen. Sie hat natürlich auch die Kernenergie intensiv gefördert. Das 4. Atomprogramm wurde im Dezember 1973 vom Kabinett verabschiedet.

Diese für die weitere Entwicklung im Energiebereich wichtigen Entscheidungen dürfen allerdings nicht darüber hinwegtäuschen, dass die Energieversorgung auch in der unmittelbar vor uns liegenden Zeit von Störungen bedroht werden kann. Wir möchten diesen Risiken durch gezielte staatliche und private Vorsorge begegnen. Wir können diese Risiken nicht ganz ausschließen.

Im Bereich der Agrar- und Ernährungspolitik kommt es darauf an, die erfolgreiche Politik der sozialliberalen Koalition kontinuierlich fortzusetzen.

Es bleibt auch im Interesse der Verbraucher unser Ziel, eine leistungsstarke Landwirtschaft zu erhalten, die gleichrangiger Bestandteil einer modernen Volkswirtschaft ist. Die in der Landwirtschaft arbeitenden Menschen müssen deshalb wie bisher an der allgemeinen Wohlstandsentwicklung teilnehmen können.

(Beifall bei den Regierungsparteien und Zustimmung des Abg. Kai-Uwe von Hassel [CDU])

In diesem Sinne wird die Bundesregierung der Preis-Kosten-Entwicklung in der Landwirtschaft ihre besondere Aufmerksamkeit zuwenden.

Die Neuorientierung der Agrarstrukturpolitik durch das einzelbetriebliche Förderungsprogramm hat sich bewährt. Wie wollen auch eine noch engere Verzahnung mit der allgemeinen Regionalpolitik anstreben.

Die Funktionsfähigkeit des gemeinsamen Agrarmarktes ist durch verschiedene Maßnahmen besonders der jüngsten Zeit gestört. Wegen der Bedeutung, die die gemeinsame Agrarpolitik für die europäische Entwicklung hat, aber auch wegen ihrer Bedeutung für die deutsche Landwirtschaft, werden wir uns bemühen, die Funktionstüchtigkeit des gemeinsamen Agrarmarktes wiederherzustellen. Dabei sind für die deutsche Landwirtschaft faire Wettbewerbsverhältnisse zu schaffen. Die Bundesregierung erwartet deshalb von Kommission und Ministerrat der Europäischen Gemeinschaft schnelle Beschlüsse im Interesse sowohl der bäuerlichen Erzeuger und ihrer Absatzmärkte als auch der Verbraucher.

Agrarpolitik ist in unserer Zeit eine Politik für alle Menschen, die im ländlichen Raum arbeiten oder dort Erholung und Ruhe suchen oder die Landwirtschaft brauchen, wie wir alle sie brauchen, um uns zu ernähren. Die Landwirtschaftspolitik ist deshalb ein integrierter Bestandteil der Gesellschaftspolitik.

(Beifall bei den Regierungsparteien)

Auch die Selbstständigen in Handel und Handwerk, in Gewerbe und freien Berufen, auch die kleinen und mittleren Betriebe bleiben ein unverzichtbarer Bestandteil einer am Leistungswettbewerb orientierten Wirtschaft.

(Beifall bei den Regierungsparteien)

Auf die Dauer ist Wettbewerb ohne leistungsfähige kleine und mittlere Betriebe nicht möglich. Deshalb unterstützen wir diese kleinen und mittleren Unternehmen in ihrem Selbstbehauptungswillen.

(Erneuter Beifall bei den Regierungsparteien)

Und noch eine Bemerkung zum Wettbewerb als dem

steuernden Prinzip unserer Marktwirtschaft: Wettbewerb fordert den Leistungswillen heraus. Wettbewerb hat in unserem Lande Grundlagen für den wirtschaftlichen Fortschritt geschaffen. Eingebunden in die vom Staat gesetzten Rahmenbedingungen löst die Marktwirtschaft die ökonomischen Aufgaben besser als andere vergleichbare Wirtschaftssysteme.

(Beifall bei den Regierungsparteien und Zustimmung des Abg. Kai-Uwe von Hassel [CDU])

Allerdings ist Marktwirtschaft zweifellos zu keinem Zeitpunkt vollkommen. Sie muss vielmehr ständig fortentwickelt werden. In dem Zusammenhang wird die Bundesregierung auch in Zukunft die Kräfte des Wettbewerbs stärken und fördern. Deshalb lehnen wir Preis- und Lohnstopps ab. Wir halten auch Indexierung nicht für ein geeignetes stabilitätspolitisches Instrument; denn in allen Staaten, in denen das versucht worden ist, sind die Preissteigerungen höher gewesen als in unserem Wettbewerbssystem.

(Beifall bei den Regierungsparteien)

Meine Damen und Herren, Sie und wir stehen für das Grundgesetz der Bundesrepublik Deutschland ein, das in diesen Tagen fünfundzwanzig Jahre alt sein wird. Wir sind uns in diesem frei gewählten deutschen Parlament alle einig, dass sich diese Verfassung hervorragend bewährt hat. Die Bundesregierung tritt deshalb dafür ein, an diesem bewährten verfassungsrechtlichen Rahmen unverbrüchlich festzuhalten,

(Beifall bei den Regierungsparteien)

den in ihm liegenden Auftrag zu erfüllen und unseren freiheitlichen Rechtsstaat zu einem ebenso freiheitlichen Sozialstaat auszubauen.

(Erneuter Beifall bei den Regierungsparteien)

Unser demokratischer Staat lebt vom Engagement des Bürgers, der verantwortlich mitdenkt, der mitbestimmt und mitentscheidet. Den Bürger gibt es nicht nur am Wahltag. Nur dann, wenn er sich für den Staat, den Wahrer und Hüter der Freiheiten und Rechte aller, selber mit einsetzt, hat der Staat die Kraft, die Freiheiten und die Rechte des Bürgers zum Wohle aller gegen einseitige Gruppeninteressen abzuschirmen oder durchzusetzen.

Die Bundesregierung erwartet auch, dass der zur Erhaltung unserer freiheitlichen Rechtsordnung gezogene gesetzliche Rahmen von allen gesellschaftlichen und politischen Gruppierungen eingehalten wird. Wir sind entschlossen, die Freiheit und die sie schützende gesetzliche Ordnung zu wahren und zu verteidigen.

(Beifall bei den Regierungsparteien)

Justiz, Polizei und die anderen Organe der inneren Sicherheit können bei der rechtsstaatlichen Erfüllung ihrer Aufgaben der festen Unterstützung der Bundesregierung gewiss sein.

(Beifall bei den Regierungsparteien)

Der Bundeskanzler und die Bundesminister haben mit ihrem Amtseid gestern und heute Morgen bekräftigt, dass sie das Grundgesetz und die Gesetze des Bundes wahren und verteidigen werden. Der Grundgedanke dieses Eides gilt für alle Demokraten.

(Beifall bei den Regierungsparteien)

Gegner der freiheitlich-demokratischen Grundordnung gehören nicht in den öffentlichen Dienst.

(Beifall auf allen Seiten)

Dabei muss die Freiheit auch gegenüber ihren Feinden rechtsstaatlich verteidigt werden.

(Erneuter Beifall auf allen Seiten)

Deshalb wird die Bundesregierung um der Rechtseinheit in der Bundesrepublik willen im Zusammenwirken mit den Ländern eine baldige Verabschiedung der von ihr vorgeschlagenen gesetzlichen Regelungen betreiben.
Ein wesentliches Element unserer staatlichen Ordnung ist und bleibt der im Grundgesetz verankerte föderative Aufbau. Föderalismus lebt aber nur durch enge Kooperation.

(Beifall bei den Regierungsparteien)

Dazu ist diese Bundesregierung bereit. Auch der Bundesrat darf sich seiner Mitverantwortung nicht entziehen. Der Bundesrat ist Verfassungsorgan des Bundes.

(Beifall auf allen Seiten)

Er trägt zusammen mit Bundestag und Bundesregierung für den Bund unmittelbar Verantwortung.

(Zurufe von der CDU / CSU: Sehr gut! – So ist es!)

Dabei wissen wir, dass die oppositionsgeführten Länder im Bundesrat über eine Mehrheit von 21 gegenüber einer Minderheit von 20 Stimmen verfügen, weil die 4 Stimmen des Landes Berlin nicht mitzählen. Wir übersehen das nicht. Wir wissen das und gehen von dieser Tatsache und von diesen Zahlen aus. Aber ich möchte hinzufügen: Wer auch immer wann auch immer über die Mehrheit im Bundesrat verfügt, der darf nicht der Versuchung erliegen, dieses Verfassungsorgan des Bundes zu einer Gegenregierung zu machen.

(Anhaltender lebhafter Beifall bei den Regierungsparteien)

Ich begrüße das Kooperationsangebot, das der Präsident des Bundesrates, Herr Ministerpräsident Filbinger, gestern abgegeben hat, und wiederhole für diese Bundesregierung: Auch wir sind zur Kooperation bereit.

Wir stehen ein für eine offene Gesellschaftsordnung, in der Platz ist für die Vielfalt der Meinungen und auch für die Vielfalt der Gruppen. Der Staat kann nicht alles allein leisten. Der Staat braucht auch die freien Kräfte in der Gesellschaft. Der Staat kann nicht auf die tätige Selbsthilfe seiner Bürger verzichten. Der Staat kennt und anerkennt die großen Dienste, die in den karitativen Organisationen und die in der freien Wohlfahrtspflege geleistet werden.

(Beifall bei den Regierungsparteien und bei Abgeordneten der CDU / CSU)

Für unser Verhältnis zu den Kirchen gilt nach wie vor, was die Regierungserklärung vom 18. Januar 1973 so ausgedrückt hat:

Wir betrachten sie – die Kirchen – nicht als eine Gruppe unter den vielen der pluralistischen Gesellschaft und wollen ihren Repräsentanten darum auch nicht als Vertreter bloßer Gruppeninteressen begegnen. Wir meinen im Gegenteil, dass die Kirchen in ihrer notwendigen geistigen Wirkung um so stärker sind, je unabhängiger sie sich von überkommenen sozialen oder parteilichen Bindungen machen. Im Zeichen deutlicher Freiheit wünschen wir die Partnerschaft.

(Beifall bei den Regierungsparteien)

Meine Damen und Herren, ich habe in dieser Regierungserklärung eine Zwischenbilanz gezogen, auf der wir in unserer weiteren Arbeit aufbauen. Sie ist zugleich eine Leistungsbilanz, die sich sehen lassen kann. Denn unsere wirtschaftliche Lage ist gut.

(Beifall bei den Regierungsparteien)

Unser Volk lebt in sozialer Sicherheit, und unser Volk lebt in Freiheit.

(Erneuter Beifall bei den Regierungsparteien)

Der innere Friede ist gefestigt, und der äußere Friede ist gefestigt. Dieses Land hat Ansehen und hat Freunde in der Welt. Deshalb steht auch diese Regierung auf festem Boden. Diese Regierungskoalition ist angelegt auf Kontinuität der sozialliberalen Politik.

(Beifall bei den Regierungsparteien)

Die Bildung eines Kabinetts ist immer ein neuer Anfang, jedoch keineswegs notwendigerweise ein Einschnitt im Leben des Volkes. Die sozialliberale Koalition begann 1969; sie wird fortgesetzt.

(Beifall bei den Regierungsparteien)

Keine Regierung beginnt bei null. Jede Regierung baut auf der Arbeit der vorhergehenden Regierungen auf,

(Zustimmung bei den Regierungsparteien)

und keine Regierung kann Wunder vollbringen. Das Mögliche aber muss sie mit aller Kraft verwirklichen. Dazu machen wir heute einen neuen Ansatz, indem wir unsere Kräfte auf das heute Wesentliche, auf das heute Mögliche konzentrieren.

(Beifall bei den Regierungsparteien)

Theodor Heuss hat gesagt: Demokratie ist Herrschaft auf Frist. Binnen zweieinhalb Jahren wird sich das sozialliberale Bündnis der Entscheidung der Bürger stellen. Bis dahin ist vieles zu tun.

(Lang anhaltender lebhafter Beifall bei den Regierungsparteien – Zurufe von der CDU / CSU)

WILLY BRANDT

(1969–1974)

Ergebnis der Bundestagswahl vom 28. September 1969:

CDU / CSU: 46,1 %, 242 Sitze
SPD: 42,7 %, 224 Sitze
FDP: 5,8 %, 30 Sitze
NPD: 4,3 %

Kurt Georg Kiesinger scheiterte als amtierender Bundeskanzler, weil SPD und FDP koalierten und Willy Brandt,
der zuvor Außenminister der Großen Koalition gewesen
war, zum Kanzler wählten. Kiesinger hatte das Amt Ende
1966 von Ludwig Erhard nach dessen Rücktritt übernommen, und war 1969 erstmals als Kanzlerkandidat der Union
bei Bundestagswahlen angetreten. Erhards Koalition aus
CDU / CSU und FDP war zuvor an der Wirtschaftspolitik
zerbrochen, Kiesinger koalierte daraufhin mit der SPD,
die somit erstmals in der Bundesrepublik in Regierungsverantwortung kam. Die auf die Wahl 1969 folgende Koalition mit der SPD führte zu heftigen Kämpfen in der FDP,
einige Abgeordnete wechselten aus Protest zur Union.
Willy Brandt war der erste Kanzler, der nicht der stärksten

Fraktion im Bundestag angehörte. Es war bereits seine dritte Kanzlerkandidatur.

Die Bundestagswahl 1969 war die letzte, bei der das Wahlalter noch bei einundzwanzig Jahren lag. Die NPD kam in vier Bundesländern auf über fünf Prozent und scheiterte knapp an der Fünf-Prozent-Hürde, konnte dieses Ergebnis bei einer Bundestagswahl danach aber nicht mehr wiederholen.

Regierungserklärung von Bundeskanzler Willy Brandt vor dem Deutschen Bundestag in Bonn am 28. Oktober 1969

Herr Präsident! Meine Damen und Herren! Wir sind entschlossen, die Sicherheit der Bundesrepublik Deutschland und den Zusammenhalt der deutschen Nation zu wahren, den Frieden zu erhalten und an einer europäischen Friedensordnung mitzuarbeiten, die Freiheitsrechte und den Wohlstand unseres Volkes zu erweitern und unser Land so zu entwickeln, dass sein Rang in der Welt von morgen anerkannt und gesichert sein wird. Die Politik dieser Regierung wird also im Zeichen der Kontinuität und im Zeichen der Erneuerung stehen.

Unser Respekt gebührt dem, was in den vergangenen Jahren geleistet worden ist – im Bund, in den Ländern und in den Gemeinden, von allen Schichten unseres Volkes. Ich nenne die Namen Konrad Adenauer, Theodor Heuss und Kurt Schumacher stellvertretend für viele andere, mit denen die Bundesrepublik Deutschland einen Weg zurückgelegt hat, auf den sie stolz sein kann. Niemand wird die Leistungen der letzten zwei Jahrzehnte leugnen, bezweifeln oder geringschätzen. Sie sind Geschichte geworden.

Die Beständigkeit unserer freiheitlichen Grundordnung ist am 28. September erneut bestätigt worden. Ich danke den Wählern für die eindeutige Ablehnung des Extremismus, den es weiterhin zu bekämpfen gilt.

(Beifall bei den Regierungsparteien sowie bei der CDU / CSU)

Unsere parlamentarische Demokratie hat zwanzig Jahre nach ihrer Gründung ihre Fähigkeit zum Wandel bewiesen und damit ihre Probe bestanden. Dies ist auch außerhalb unserer Grenzen vermerkt worden und hat unserem Staat zu neuem Vertrauen in der Welt verholfen.

Die strikte Beachtung der Formen parlamentarischer Demokratie ist selbstverständlich für politische Gemeinschaften, die seit gut hundert Jahren für die deutsche Demokratie gekämpft, sie unter schweren Opfern verteidigt und unter großen Mühen wieder aufgebaut haben. Im sachlichen Gegeneinander und im nationalen Miteinander von Regierung und Opposition ist es unsere gemeinsame Verantwortung und Aufgabe, dieser Bundesrepublik eine gute Zukunft zu sichern.

Die Bundesregierung weiß, dass sie dazu der loyalen Zusammenarbeit mit den gesetzgebenden Körperschaften bedarf. Dafür bietet sie dem Deutschen Bundestag und natürlich auch dem Bundesrat ihren guten Willen an.

Unser Volk braucht wie jedes andere seine innere Ordnung. In den siebziger Jahren werden wir aber in diesem Lande nur so viel Ordnung haben, wie wir an Mitverantwortung ermutigen. Solche demokratische Ordnung braucht außerordentliche Geduld im Zuhören und außerordentliche Anstrengung, sich gegenseitig zu verstehen. Wir wollen mehr Demokratie wagen. Wir werden unsere

Arbeitsweise öffnen und dem kritischen Bedürfnis nach Information Genüge tun. Wir werden darauf hinwirken, dass nicht nur durch Anhörungen im Bundestag,

(Dr. Rainer Barzel [CDU]: Anhörungen?)

sondern auch durch ständige Fühlungnahme mit den repräsentativen Gruppen unseres Volkes und durch eine umfassende Unterrichtung über die Regierungspolitik jeder Bürger die Möglichkeit erhält, an der Reform von Staat und Gesellschaft mitzuwirken.

(Dr. Rainer Barzel [CDU]: Die Regierung will uns gnädigst anhören?! – Herbert Wehner [SPD]: Beruhigen Sie sich! Das heißt neudeutsch »Hearing«, nichts anderes! – Dr. Rainer Barzel [CDU]: Dann soll er es doch richtig sagen!)

Wir wenden uns an die im Frieden nachgewachsenen Generationen, die nicht mit den Hypotheken der Älteren belastet sind und belastet werden dürfen; jene jungen Menschen, die uns beim Wort nehmen wollen – und sollen. Diese jungen Menschen müssen aber verstehen, dass auch sie gegenüber Staat und Gesellschaft Verpflichtungen haben.

Wir werden dem Hohen Hause ein Gesetz unterbreiten, wodurch das aktive Wahlalter von einundzwanzig auf achtzehn, das passive von fünfundzwanzig auf einundzwanzig Jahre herabgesetzt wird.

(Beifall bei den Regierungsparteien)

Wir werden auch die Volljährigkeitsgrenze überprüfen. Mitbestimmung, Mitverantwortung in den verschiedenen Bereichen unserer Gesellschaft wird eine bewegende Kraft der kommenden Jahre sein. Wir können nicht die perfekte Demokratie schaffen. Wir wollen eine Gesellschaft, die mehr Freiheit bietet und mehr Mitverantwortung fordert. Diese Regierung sucht das Gespräch, sie sucht kritische Partnerschaft mit allen, die Verantwortung tragen, sei es in den Kirchen, der Kunst, der Wissenschaft und der Wirtschaft oder in anderen Bereichen der Gesellschaft.

Dies gilt nicht zuletzt für die Gewerkschaften, um deren vertrauensvolle Zusammenarbeit wir uns bemühen. Wir brauchen ihnen ihre überragende Bedeutung für diesen Staat, für seinen weiteren Ausbau zum sozialen Rechtsstaat nicht zu bescheinigen.

Wenn wir leisten wollen, was geleistet werden muss, brauchen wir alle aktiven Kräfte unserer Gesellschaft. Eine Gesellschaft, die allen weltanschaulichen und religiösen Überzeugungen offen sein will, ist auf ethische Impulse angewiesen, die sich im solidarischen Dienst am Nächsten beweisen. Es kann nicht darum gehen, lediglich hinzunehmen, was durch die Kirchen für die Familie, in der Jugendarbeit oder auf dem Sektor der Bildung geleistet wird. Wir sehen die gemeinsamen Aufgaben, besonders wo Alte, Kranke, körperlich oder geistig Behinderte in ihrer Not nicht nur materielle Unterstützung, sondern auch menschliche Solidarität brauchen. Im Dienst am Menschen – nicht nur im eigenen Land, sondern auch in den Entwicklungsländern – begegnet sich das Wirken kirchlicher und gesellschaftlicher Gruppen mit dem politischen Handeln. Wir werden uns ständig darum bemühen, dass sich die begründeten Wünsche der gesellschaftlichen Kräfte und der politische Wille der Regierung vereinen lassen.

Meine Damen und Herren! Diese Regierung geht davon aus, dass die Fragen, die sich für das deutsche Volk aus dem Zweiten Weltkrieg und aus dem nationalen Verrat durch das Hitlerregime ergeben haben, abschließend nur in einer europäischen Friedensordnung beantwortet werden können. Niemand kann uns jedoch ausreden, dass die Deutschen ein Recht auf Selbstbestimmung haben, wie alle anderen Völker auch.

(Beifall bei den Regierungsparteien und Abgeordneten der CDU / CSU)

Aufgabe der praktischen Politik in den jetzt vor uns liegenden Jahren ist es, die Einheit der Nation dadurch zu wahren, dass das Verhältnis zwischen den Teilen Deutschlands aus der gegenwärtigen Verkrampfung gelöst wird. Die Deutschen sind nicht nur durch ihre Sprache und ihre Geschichte – mit ihrem Glanz und Elend – verbunden; wir sind alle in Deutschland zu Haus. Wir haben auch noch gemeinsame Aufgaben und gemeinsame Verantwortung: für den Frieden unter uns und in Europa.

Zwanzig Jahre nach Gründung der Bundesrepublik Deutschland und der DDR müssen wir ein weiteres Auseinanderleben der deutschen Nation verhindern, also versuchen, über ein geregeltes Nebeneinander zu einem Miteinander zu kommen. Dies ist nicht nur ein deutsches Interesse, denn es hat seine Bedeutung auch für den Frieden in Europa und für das Ost-West-Verhältnis. Unsere und unserer Freunde Einstellung zu den internationalen Beziehungen der DDR hängt nicht zuletzt von der Haltung Ostberlins selbst ab. Im Übrigen wollen wir unseren

Landsleuten die Vorteile des internationalen Handels und Kulturaustausches nicht schmälern.

Die Bundesregierung setzt die im Dezember 1966 durch Bundeskanzler Kiesinger und seine Regierung eingeleitete Politik fort und bietet dem Ministerrat der DDR erneut Verhandlungen beiderseits ohne Diskriminierung auf der Ebene der Regierungen an, die zu vertraglich vereinbarter Zusammenarbeit führen sollen. Eine völkerrechtliche Anerkennung der DDR durch die Bundesregierung kann nicht in Betracht kommen. Auch wenn zwei Staaten in Deutschland existieren, sind sie doch füreinander nicht Ausland; ihre Beziehungen zueinander können nur von besonderer Art sein.

(Beifall bei den Regierungsparteien – Unruhe bei der CDU / CSU)

Anknüpfend an die Politik ihrer Vorgängerin erklärt die Bundesregierung, dass die Bereitschaft zu verbindlichen Abkommen über den gegenseitigen Verzicht auf Anwendung oder Androhung von Gewalt auch gegenüber der DDR gilt.

Die Bundesregierung wird den USA, Großbritannien und Frankreich raten, die eingeleiteten Besprechungen mit der Sowjetunion über die Erleichterung und Verbesserung der Lage Berlins mit Nachdruck fortzusetzen. Der Status der unter der besonderen Verantwortung der vier Mächte stehenden Stadt Berlin muss unangetastet bleiben. Dies darf nicht daran hindern, Erleichterungen für den Verkehr in und nach Berlin zu suchen. Die Lebensfähigkeit Berlins werden wir weiterhin sichern. West-Berlin muss die Möglichkeit bekommen, zur Verbesserung der politischen, wirtschaftlichen und kulturellen Beziehungen der beiden Teile Deutschlands beizutragen.

Wir begrüßen es, dass der innerdeutsche Handel wieder zunimmt. Hierzu haben auch die Erleichterungen beigetragen, die durch die Vereinbarung am 6. Dezember 1968 eingetreten sind. Die Bundesregierung hält einen weiteren Ausbau der nachbarlichen Handelsbeziehungen für wünschenswert.

Wir haben das bisherige Ministerium für gesamtdeutsche Fragen entsprechend seinen Aufgaben in Ministerium für innerdeutsche Beziehungen umbenannt. Die Deutschlandpolitik insgesamt kann nicht Sache eines Ressorts ein. Sie ist eine ständige Aufgabe der ganzen Regierung und umfasst Aspekte der auswärtigen Politik, der Sicherheits- und Europapolitik ebenso wie die Bemühungen um den Zusammenhalt unseres Volkes und um die Beziehungen im geteilten Deutschland.

Meine Damen und Herren, in unserer Bundesrepublik stehen wir vor der Notwendigkeit umfassender Reformen. Die Durchführung der notwendigen Reformen und ein weiteres Steigen des Wohlstandes sind nur möglich bei wachsender Wirtschaft und gesunden Finanzen. Doch diese Bundesregierung hat ein schwieriges wirtschaftspolitisches Erbe übernommen, das zu raschem Handeln zwang:

(Beifall bei den Regierungsparteien – Lachen und Widerspruch bei der CDU / CSU)

Seit gestern ist die Parität der Deutschen Mark um 8,5 Prozent verbessert. Die außenwirtschaftliche Absicherung auf steuerlichem Wege wurde endgültig aufgehoben.

Wir werden die Forderung des Gesetzes zur Förderung der Stabilität und des Wachstums erfüllen. Dieses Gesetz, eine der großen Reformleistungen des 5. Deutschen Bundestages, verpflichtet zum Handeln, wenn das gesamtwirtschaftliche Gleichgewicht gefährdet ist. Diese Pflicht war seit dem Frühjahr 1969 vernachlässigt worden.

(Lebhafter Beifall bei den Regierungsparteien)

Der Beschluss der Bundesregierung vom letzten Freitag, vom 24. Oktober, beendet eine Phase der Unsicherheit und beseitigt das fundamentale Ungleichgewicht in unserer Zahlungsbilanz.

(Zuruf von der CDU / CSU: Abwarten!)

Außenwirtschaftlich haben wir damit einen entscheidenden Beitrag geleistet, um den Welthandel weiter zu liberalisieren und das Weltwährungssystem zu stabilisieren.

Binnenwirtschaftlich wird die Aufwertung die Preisentwicklung des Jahres 1970 dämpfen.

(Dr. Ernst Müller-Hermann [CDU]: Abwarten!)

Allerdings wäre mehr zu erreichen gewesen, wenn die vorige Bundesregierung rechtzeitig gehandelt hätte.

(Beifall bei den Regierungsparteien – Zurufe von der CDU / CSU)

Der Höhepunkt der Preisentwicklung kann wegen dieses Versäumnisses sogar noch vor uns liegen.

(Lachen und Zurufe von der CDU / CSU)

Ohne Aufwertung wäre eine weitere Zuspitzung der Konjunkturlage mit der Gefahr einer nachfolgenden Rezession kaum vermeidbar gewesen.

(Beifall bei den Regierungsparteien)

Unser Ziel lautet: Stabilisierung ohne Stagnation. Diesem Ziel dient unser wirtschafts- und finanzpolitisches Sofortprogramm. Es enthält:

1. Eine Finanzpolitik, die eine graduelle Umorientierung des Güterangebots auf den Binnenmarkt hin fördert.

(Zuruf von der CDU / CSU: Sehr bedenklich!)

2. Weitere Konsultationen mit der Bundesbank über eine der neuen Lage nach der D-Mark-Aufwertung angemessene Linie der Geld- und Kreditpolitik.

3. Die Fortsetzung und Intensivierung der bewährten Zusammenarbeit mit den Gewerkschaften und Unternehmensverbänden im Rahmen der Konzertierten Aktion, an der in Zukunft auch Vertreter der Landwirtschaft teilnehmen werden.

(Beifall bei den Regierungsparteien)

4. Die Intensivierung der Zusammenarbeit zwischen Bund, Ländern und Gemeinden im Konjunkturrat der öffentlichen Hand.

5. Die aktive Mitarbeit der Bundesregierung an einer stärkeren Koordinierung der Wirtschafts- und Finanzpolitik in den Mitgliedstaaten der Europäischen Gemeinschaft und an der notwendigen Weiterentwicklung des Weltwährungssystems.

6. Die Aufwertung der D-Mark verlangt von uns einen Einkommensausgleich für die Landwirtschaft. Unsere Verpflichtung gegenüber den deutschen Bauern müssen

wir jedoch mit den Römischen Verträgen über den Gemeinsamen Markt in Einklang bringen.

Der Rat der Europäischen Gemeinschaften hat anerkannt, dass der Einkommensverlust der deutschen Landwirtschaft voll ausgeglichen werden muss. Nach stundenlangen Beratungen hat er – der Rat – in den heutigen Morgenstunden Folgendes beschlossen:

Auf Antrag der deutschen Delegation wurde zunächst eine Übergangsregelung für die Dauer von sechs Wochen getroffen.

(Zuruf von der CDU / CSU: Was kommt danach?)

Während dieser Zeit werden die Preise nach der bisherigen Parität aufrechterhalten und durch ein Grenzausgleichssystem abgesichert. Nach dieser Zeit erhält die Landwirtschaft den Einkommensausgleich. Dieser Ausgleich kann zum Teil durch eine Änderung des Mehrwertsteuergesetzes herbeigeführt werden.

(Unruhe bei der CDU / CSU)

Wie das im Einzelnen geschieht, darüber wird dieses Hohe Haus in Kürze beraten müssen.

(Dr. Rainer Barzel [CDU]: Was machen die Bauern so lange? – Weitere Zurufe von der CDU / CSU)

Der Rest wird durch direkte Ausgleichszahlungen gedeckt, an denen sich die Gemeinschaft beteiligen wird. Der Rat der Europäischen Gemeinschaften wird in Kürze erneut zusammentreten, um die Einzelheiten der langfristigen Regelung festzulegen.

(Will Rasner [CDU]: Also wir wissen noch nichts!)

Leider hat der Rat dem mehrfach und mit großem Nachdruck vorgetragenen Antrag der Bundesregierung, das bisherige Preisniveau durch ein Grenzausgleichssystem auf Dauer beizubehalten, nicht entsprochen. Unsere Partner in der EWG und die Kommission vertraten den Standpunkt, dass dadurch die Grundlage der gemeinsamen Agrarpolitik und des Gemeinsamen Marktes infrage gestellt werden würde.

Dieser Kompromiss zeigt deutlich, meine Damen und Herren, dass ein Widerspruch zwischen der weit vorangetriebenen Integration des Agrarmarktes und der mangelnden Koordinierung der Konjunktur- und Währungspolitik besteht. Eine Weiterentwicklung der Agrarpolitik im Rahmen der EWG muss daher in Zukunft stärker auf Fortschritte bei der Wirtschafts- und Währungspolitik abgestimmt werden.

(Beifall bei den Regierungsparteien)

Es bleibt das Ziel der Bundesregierung, die nationale Verantwortung für die landwirtschaftliche Strukturpolitik zu erhalten. Bei der notwendigen Strukturverbesserung der Landwirtschaft muss vermieden werden, dass eine Politik des Preisdrucks betrieben wird.

Die vorzeitige Verwirklichung des gemeinsamen Agrarmarkts hat ohne Zweifel die internen Anpassungsprobleme der deutschen Landwirtschaft wesentlich verschärft. Wir halten es deshalb für unausweichlich, der Landwirtschaft bei der Überwindung ihrer Schwierigkeiten zu helfen. Sie soll sich zu einem gleichrangigen Teil unserer modernen Volkswirtschaft entwickeln, der an der allgemeinen Einkommens- und Wohlstandsentwicklung in vollem Umfang teilnimmt.

(Beifall bei den Regierungsparteien)

Unser Sofortprogramm, wie ich es in fünf Punkten skizziert habe, ist ein klares Angebot der Bundesregierung an alle, die unsere Wirtschaft tragen. Eine stetige Wirtschaftsentwicklung ist die beste Grundlage des gesellschaftlichen Fortschritts. Sie schafft das Klima, in dem sich private Initiative, Risikobereitschaft und Leistungsfähigkeit entfalten können. Sie sichert die Arbeitsplätze, schützt die steigenden Einkommen und wachsenden Ersparnisse vor der Auszehrung durch Preissteigerungen.

Auf Dauer können Stabilität und Wachstum nur in einer funktionsfähigen marktwirtschaftlichen Ordnung erreicht werden. Ein wirksamer Wettbewerb nach innen und nach außen ist und bleibt die sicherste Gewähr für die Leistungskraft einer Volkswirtschaft. Allen protektionistischen Neigungen im In- und Ausland erteilen wir eine klare Absage.

(Beifall bei den Regierungsparteien)

Das Gesetz gegen Wettbewerbsbeschränkungen wird modernisiert werden. Unternehmenskonzentration ist zwar in vielen Bereichen notwendig. Sie darf aber nicht zur Ausschaltung des wirksamen Wettbewerbs führen. Deshalb ist eine vorbeugende Fusionskontrolle notwendig. Diese soll sich auf alle Bereiche der Wirtschaft erstrecken. Die Einrichtung einer unabhängigen Monopolkommission kann dazu ein wichtiges Instrument sein. Die Missbrauchskontrolle marktbeherrschender und marktstarker Positionen muss ausgebaut werden. Dagegen soll die leistungssteigernde Kooperation zwischen Mittel- und Kleinunternehmen, auch im Handwerk und Handel, erleichtert werden. Sie darf nicht an dem Verbot von Bagatellkartellen scheitern. Die Klein- und Mittelbetriebe haben ein Recht auf gleiche Startchancen im Wettbewerb und auf einen wirksamen Schutz vor diskriminierenden Praktiken.

Die Fusionskontrolle soll auch für die Presse gelten. Diese Regierung beabsichtigt, ein Presserechts-Rahmengesetz vorzulegen. Im Fernsehen sollen neue technische Möglichkeiten zum besten Nutzen der Gesellschaft, vor allem auch für Bildungsaufgaben, verwendet werden; in jedem Falle sind dabei die Interessen der Öffentlichkeit vorrangig zu sichern.

(Beifall bei den Regierungsparteien – Will Rasner [CDU]: Das sagt nichts!)

Ein verbessertes Kartellgesetz muss zum Instrument einer wirksamen und fortschrittlichen Mittelstandspolitik werden. Auf dieser Grundlage können dann weitere Maßnahmen zur Verbesserung der Finanzierungsmöglichkeiten, zum Ausbau des Beratungswesens und zu einer vom Betrieb unabhängigen Alterssicherung für die Selbstständigen aufbauen.

Zu den Schwerpunkten der Wirtschafts- und Gesellschaftspolitik dieser Bundesregierung gehört das Bemühen um eine gezielte Vermögenspolitik. Die Vermögensbildung in breiten Schichten – vor allem in Arbeitnehmerhand – ist völlig unzureichend; sie muss kräftig verstärkt werden.

(Beifall bei den Regierungsparteien)

Die Bundesregierung wird einen Entwurf zum Ausbau des Vermögensbildungsgesetzes vorlegen. Darin soll als nächster Schritt der Begünstigungsrahmen für vermögenswirksame Leistungen von 312 auf 624 D-Mark erhöht werden. Die Bundesregierung erwartet, dass Gewerkschaften und Arbeitgeber diese Offerte annehmen.

Darüber hinaus soll die Vermögensbildung so gestaltet werden, dass gleichzeitig die Kapitalbildung in der Wirtschaft und die Anlage in Beteiligungswerten erleichtert werden. Ein gesetzliches Zwangssparen entspricht jedoch nicht unserer freiheitlichen Gesellschaftsordnung.

(Beifall bei den Regierungsparteien)

Nach der Absicht der Regierung sollen das Sparen im eigenen Betrieb in die allgemeine Sparförderung einbezogen und die Möglichkeiten des Bausparens erweitert werden. Weitere Vorschläge zur Vermögenspolitik, vor allem auch im Zusammenhang mit der notwendigen Reform der Sparförderung, werden geprüft. Die Verbesserung des Sparerschutzes und die Reform des Börsenwesens sind dabei wichtige flankierende Maßnahmen.

Dauerhafte Sicherheit kann es in einer entwickelten Gesellschaft nur durch Veränderung geben. Das wird sich in den siebziger Jahren noch deutlicher zeigen. Der permanente wirtschaftliche und soziale Wandel ist eine Herausforderung für uns alle. Er kann ohne die Initiative des Einzelnen nicht gemeistert werden. Die Eigeninitiative braucht jedoch die Unterstützung der Politik. Wir dürfen keine Gesellschaft der verkümmerten Talente werden.

Jeder muss seine Fähigkeiten entwickeln können. Die betroffenen Menschen dürfen nicht einfach ihrem Schicksal überlassen werden. Im Bewusstsein der Verantwortung für die wirtschaftliche Zukunft unseres Landes in den siebziger Jahren werden wir uns besonders intensiv der Ausbildung und Fortbildung sowie der Forschung und der Innovation annehmen.

Dabei gilt es insbesondere, das immer noch bestehende Bildungsgefälle zwischen Stadt und Land abzubauen. Ich bin sicher, dass wir auf diese Weise beträchtliche Leistungsreserven unserer Gesellschaft mobilisieren und die Chancen jedes Einzelnen verbessern können.

(Beifall bei den Regierungsparteien)

Meine Damen und Herren, Solidität wird die Richtschnur unserer Finanzpolitik sein.

(Dr. Rainer Barzel [CDU]: Na! Bei diesem Staat?)

Wir dürfen allerdings nicht verschweigen, dass die Situation weniger günstig ist, als sie von bestimmter Seite dargestellt wurde.

(Dr. Rainer Barzel [CDU]: Und deshalb Ihre ganzen Vorhaben!)

Die Bundesregierung steht zunächst vor der Aufgabe, einen mittelfristigen Finanzplan für die Jahre 1969 bis 1973 und – so bald wie möglich – einen Entwurf für den Bundeshaushaltsplan 1970 dem Hohen Hause vorzulegen.

(Dr. Rainer Barzel [CDU]: Aber vorweg erst einmal die Steuern senken! Das ist dann »solide«!)

Die neue mittelfristige Finanzplanung wird unsere politischen Absichten in Zahlen ausdrücken. Dabei ist all das zu berücksichtigen, was bei der Aufstellung des letzten mittelfristigen Finanzplans des Bundes noch nicht gewollt oder noch nicht absehbar gewesen ist:

1. In dem letzten Finanzplan, der die Jahre 1968 bis 1972 umfasst, ist eine Vielzahl von Maßnahmen nicht enthalten, die durch die vorige Bundesregierung im letzten Jahr getroffen wurden.

2. Diese Regierung hat die finanziellen Möglichkeiten für die Erfüllung einer Reihe von politischen Forderungen des 5. Deutschen Bundestages zu prüfen.

3. Für die nationale Agrarpolitik stehen im Haushalt 1969 3,4 Milliarden D-Mark, nach den Ansätzen der Finanzplanung im nächsten Jahre nur noch 2,7 Milliarden D-Mark zur Verfügung. Dies dürfte nach den Unterlagen, die der Landwirtschaftsminister vorgefunden hat, keineswegs ausreichen. Die in Zukunft getrennt auszuweisenden Ausgaben für die EWG-Marktordnungen werden im Jahre 1970 um 1,4 Milliarden D-Mark höher sein als bisher veranschlagt.

4. Durch die Verzögerung der Aufwertung der Deutschen Mark sind im Bundeshaushalt besondere Belastungen entstanden: zusätzliche Leistungen im öffentlichen Dienst

(Lachen und Zurufe von der Mitte: Ah ja!)

– ich wiederhole: zusätzliche Leistungen im öffentlichen Dienst als Folge der Situation auf dem Arbeitsmarkt durch die Nichtaufwertung

(Beifall bei den Regierungsparteien – anhaltendes Lachen bei der CDU / CSU)

und jetzt höher als im Frühjahr zu veranschlagende Ausgleichsmaßnahmen für die Landwirtschaft.

(Will Rasner [CDU]: Durch die Aufwertung! – Weitere Zurufe von der CDU / CSU)

Meine Damen und Herren, die in der vorigen Legislaturperiode angekündigte Steuerreform wird die Bundesregierung verwirklichen. Wir erfüllen damit auch das Verfassungsgebot zur Schaffung des sozialen Rechtsstaates. Wir haben nicht die Absicht, bestehende Vermögen durch konfiskatorisch wirkende Steuern anzutasten. Wir wollen auch in der Steuerpolitik die Voraussetzungen für eine breitere Vermögensbildung schaffen.

Zunächst werden wir den Bericht der Steuerreformkommission abzuwarten haben. Unser Ziel ist es, ein gerechtes, einfaches und überschaubares Steuersystem zu schaffen. Die Vorlage einer reformierten Abgabenordnung muss beschleunigt erfolgen.

Bei einer rationellen Bewirtschaftung und bei Verwendung moderner, Kosten sparender Methoden können die öffentlichen Haushalte die in den nächsten Jahren entstehenden Finanzierungsaufgaben erfüllen, ohne dass die Steuerlastquote des Jahres 1969 erhöht wird.

(Dr. Rainer Barzel [CDU]: Nennen Sie doch mal die Zahlen!)

Ohne der Arbeit der Steuerreformkommission vorzugreifen, halten wir es für notwendig, zwei Änderungen vorwegzunehmen:

(Dr. Rainer Barzel [CDU]: Erst einmal einen ausgeben!)

1. Der Arbeitnehmerfreibetrag, der seit 1964 unverändert 240 D-Mark jährlich beträgt, soll vom 1. Januar 1970 an verdoppelt werden.

(Beifall bei den Regierungsparteien – Zurufe von der Mitte)

Dies ist ein notwendiger Akt der sozialen Symmetrie zugunsten der Arbeitnehmer.

(Erneuter Beifall bei den Regierungsparteien – Dr. Rainer Barzel [CDU]: Kommt auch noch in die »soziale Symmetrie«!)

2. Vom 1. Januar 1970 an soll auch die Einkommensgrenze, von der ab die Ergänzungsabgabe bislang erhoben wird, zugunsten der mittleren Einkommen verdoppelt werden.

(Heinrich Köppler [CDU]: Das ist die andere Symmetrie! – Zuruf des Abg. Dr. Barzel)

– Ach, wissen Sie, Sie müssen sich noch angewöhnen, auch einmal einer Regierungserklärung zuzuhören. Alles will gelernt sein.

(Lebhafter Beifall bei den Regierungsparteien – Zurufe von der Mitte – Dr. Rainer Barzel [CDU]: Herr Kollege Brandt, und Sie werden sich daran gewöhnen müssen, dass hier nicht nur »angehört« wird!)

Ab 31. Dezember 1970 soll die Ergänzungsabgabe ganz fortfallen; sie war zur Sanierung des Bundeshaushalts nach der finanzwirtschaftlichen Krise im Jahre 1966 eingeführt worden.

(Zurufe von der CDU / CSU: Soziale Symmetrie!)

Die Bundesregierung wird die Finanzreform vollenden

und wird sie in praktische Finanzpolitik umsetzen. Besonders hervorzuheben ist das Zusammenwirken im Finanzplanungsrat. Dieser Rat ist die institutionelle Hilfe, um den Ausgleich zwischen den Interessen von Bund, Ländern und Gemeinden zu vollziehen. Wir sind sicher, dass es auch auf diesen Gebieten zu einer fruchtbaren Zusammenarbeit mit dem Bundesrat kommen wird.

Die Regierung muss bei sich selbst anfangen, wenn von Reformen die Rede ist.

(Zuruf von der CDU / CSU: Allerdings!)

Die Zahl der Ministerien wurde vermindert,

(Lachen bei der CDU / CSU)

eine erste Flurbereinigung der Ressortzuständigkeiten vorgenommen. Wir werden diese Bemühungen fortsetzen, um Verantwortlichkeiten klarer festzulegen und Doppelarbeit zu vermeiden.

(Beifall bei den Regierungsparteien)

Das Bundeskanzleramt und die Ministerien werden in ihren Strukturen und damit auch in ihrer Arbeit modernisiert.

Dem Bundestag wird eine Übersicht vorgelegt werden, aus der sich die jetzt geltenden Zuständigkeiten ebenso ergeben wie die Zusammensetzung und Arbeitsgebiete der neu gebildeten Kabinettsausschüsse.

Für das Bundespostministerium und das Bundesverkehrsministerium, die künftig gemeinsam von einem Bundesminister geleitet werden, bot es sich schon lange an, zergliederte Zuständigkeitsbereiche zusammenzufassen. Das Post- und Fernmeldewesen kann seine Aufgaben für unsere Gesellschaft besser erfüllen, wenn die ministerielle Aufsicht sich auf das politisch Notwendige beschränkt. Dadurch wird die Eigenständigkeit der Bundespost gestärkt und eine wirtschaftliche Unternehmensführung erleichtert.

(Zuruf des Abg. Richard Stücklen [CSU])

Die Bundesregierung beabsichtigt daher, der Bundespost eine neue Rechtsform zu geben. Diese Veränderungen, zu deren Vorbereitung eine Kommission eingesetzt wird, werden den Rechten der Postbediensteten ebenso wie den Interessen der Postkunden gerecht werden.

Das Vertriebenenministerium wird in das Innenministerium eingegliedert.

(Zuruf rechts)

Ich begrüße es, dass der Staatssekretär a. D. Dr. Nahm sich bereit erklärt hat, dort seinen früheren Arbeitsbereich zu betreuen.

(Beifall bei der SPD – Zuruf von der CDU / CSU)

Die Bundesregierung bleibt sich ihrer Verantwortung für die Vertriebenen, Flüchtlinge und Kriegsgeschädigten bewusst. Sie wird die notwendigen Maßnahmen zur Eingliederung vollenden. Sie wird den Lastenausgleich und die Kriegsfolgegesetzgebung, auch im Interesse der Flüchtlinge aus der DDR, zu einem gerechten Abschluss bringen. Sie wird weiter alle vernünftigen Bestrebungen fördern, die der Erhaltung und Entfaltung der kulturellen Leistungen und Werte Ostdeutschlands dienen.

Die Bundesregierung wird in dieser Legislaturperiode ein Gremium schaffen,

(Dr. Rainer Barzel [CDU]: Noch eines!?)

dem Politiker aus Bund, Ländern und Gemeinden, Verwaltungsbeamte und Wissenschaftler angehören. Es soll Vorschläge zur Fortentwicklung der bundesstaatlichen Struktur ausarbeiten.

Für die Länderneugliederung werden wir von dem nach Art. 29 unseres Grundgesetzes gestellten Auftrag ausgehen. Für die Verwaltungsreform und die Reform des öffentlichen Dienstrechts werden wir Vorschläge unterbreiten. Verwaltungsreform und Reform des öffentlichen Dienstes sind miteinander zu verbinden. Die Laufbahnreform muss das Leistungsprinzip stärker in den Vordergrund stellen,

(Beifall bei den Regierungsparteien und bei Abgeordneten der CDU / CSU)

die Personalführung flexibler gestalten und die Personalentscheidungen transparenter machen. Die Bundesregierung ist der Überzeugung, dass die Angehörigen des öffentlichen Dienstes Anspruch haben auf Teilnahme an dem allgemeinen wirtschaftlichen Fortschritt.

Um die Sicherheit in unserem Lande zu gewährleisten, wird die Bundesregierung die Modernisierung und die Intensivierung der Verbrechensbekämpfung energisch vorantreiben. Sie wird unverzüglich die Arbeit an einem Sofortprogramm aufnehmen und dieses dem Deutschen Bundestag im Jahre 1970 zuleiten.

Die Bundesregierung wird die vom Herrn Bundespräsidenten als früherem Bundesminister der Justiz begonnenen Reformen unseres Rechts fortführen.

Sie hofft, hierfür eine ebenso große Mehrheit über alle Parteien hinweg zu erhalten, wie sie die vom letzten Bundestag verabschiedeten Reformgesetze gefunden haben. Es geht um mehr als um die erforderliche Anpassung von Rechtsvorschriften an die sich rapide verändernden wirtschaftlichen, technischen und sozialen Verhältnisse. Die Menschen in unserer Industrie- und Dienstleistungsgesellschaft erwarten eine soziale und humane Rechts- und Lebensordnung, die allen Bürgern gleiche Chancen und Schutz auch vor dem wirtschaftlich Stärkeren gewährt.

Zunächst wollen wir unsere zersplitterte Rechtspflege für den rechtsuchenden Bürger durchschaubarer machen. Die Zuständigkeiten für die Verwaltungs- und Finanzgerichtsbarkeit werden auf den Bundesminister der Justiz übertragen. Die ordentliche Gerichtsbarkeit soll dreistufig gegliedert werden. Dem Bürger soll außerdem nicht nur ein gutes, sondern auch ein schnelleres Gerichtsverfahren zu Verfügung gestellt werden.

(Dr. Rainer Barzel [CDU]: Bravo!)

Entscheidend ist, dass unsere Richter den ihnen gestellten Aufgaben gewachsen sind. Dazu müssen wir ihre Aus- und Fortbildung überdenken, ihre Verantwortungsfreude – etwa durch die Heraushebung des Einzelrichters – stärken,

(Zustimmung des Abg. Dr. Rainer Barzel [CDU])

ihre Mitwirkung in eigenen Angelegenheiten verbessern, ihnen eine ihrer verfassungsrechtlichen Stellung gemäße Besoldung geben und für die Gerichte die Möglichkeiten erschließen, die die moderne Technik bietet. Dem Verfassungsrichter jedenfalls muss das Recht eingeräumt werden, sein von der Mehrheitsmeinung abweichendes Votum zu veröffentlichen.

(Zustimmung bei der SPD)

Im Zivilrecht ist die Reform des Eherechts dringend. Die Bundesregierung wird auf der Grundlage der Empfehlungen der eingesetzten Kommission im kommenden Jahr eine Reformnovelle vorlegen. Weltanschauliche Meinungsverschiedenheiten dürfen uns nicht daran hindern, eine Lösung zu finden, um die Not der in heillos zerrütteten Ehen lebenden Menschen zu beseitigen. Dabei muss verhindert werden, dass im Falle der Scheidung Frau und Kinder die sozial Leidtragenden sind.

(Beifall bei der SPD und Abgeordneten der FDP)

Wir meinen, dass in dieser Legislaturperiode die Strafrechtsreform vollendet werden muss, der sich die Fortsetzung der Reform des Strafvollzugs anschließen wird. Mit der Verabschiedung der beiden Strafrechtsreformgesetze ist ein guter Anfang gemacht worden. Die Bundesregierung wird weitere Novellen zum Strafgesetzbuch so rechtzeitig vorlegen, dass sie zusammen mit dem bereits verabschiedeten Gesetz am 1. Oktober 1973 in Kraft treten können.

Die Bundesregierung weiß, dass unsere Soldaten in vielen Einheiten und in vielen Funktionen bis an die Grenzen der Leistungsfähigkeit gefordert werden. Die zur Ausführung nötige Zahl der Berufs- und Zeitsoldaten sowie der Stand der Ausbildung und Ausrüstung entsprechen nicht überall den Aufträgen. Wir wissen, dass darüber hinaus der Wandel unserer Gesellschaft und der Fortschritt der Technik, dass vor allem aber die praktische Erfahrung unserer Soldaten heute eine umfassende kritische Bestandsaufnahme der Bundeswehr nötig gemacht haben. Diese Bestandsaufnahme wird unverzüglich eingeleitet. Soldaten, Wissenschaft und Bundesregierung werden dabei zusammenwirken. Im Verteidigungs-Weißbuch 1970 werden dem Parlament die vorläufigen Ergebnisse dieser generellen Inventur und sogleich die beabsichtigten Veränderungen vorgelegt werden.

Wir müssen die Bundeswehr als integrierten Teil unserer Gesellschaft verstehen. Schon heute will ich in fünf Punkten die Absichten der Bundesregierung klar herausstellen:

1. Wir wollen ein Maximum an Gerechtigkeit durch Gleichbehandlung der wehrpflichtigen jungen Männer schaffen; Wehrdienstausnahmen und -befreiungen werden abgebaut. Ob sich daraus Konsequenzen für die Dauer des Grundwehrdienstes ergeben, werden wir prüfen.

2. Innerhalb des Verteidigungsministeriums sollen die Führungsstäbe die international übliche militärische Arbeitsweise anwenden; sie werden dazu von bürokratischem Ballast befreit.

(Beifall bei der SPD)

Technik und Beschaffung werden nach Methoden modernen industriellen Managements rationalisiert.

3. Wir werden die bisherigen Bemühungen um geeignete Ausbilder, Truppenführer und technische Fachleute fortsetzen und ausbauen. Auch aus diesem Grunde wird die

Sorge für die Truppe im Zentrum unserer Bemühungen stehen.

4. Wir vertrauen auch auf die fruchtbare Arbeit des Wehrbeauftragten des Deutschen Bundestages. An den Grundsätzen der Inneren Führung, zu deren Innehaltung Inspekteure, Kommandeure und Soldaten aller Rangstufen sich verpflichtet wissen, werden wir festhalten.

(Beifall bei den Regierungsparteien)

Wir wissen, dass auf dem Boden der feststehenden rechtlichen und sittlichen Maßstäbe Anpassungen einzelner Regelungen an Entwicklung und Erfahrung nötig sein können.

5. Wir halten am Recht der Kriegsdienstverweigerung aus Gewissensgründen fest. Für sie gilt das Prinzip gerechter Gleichbehandlung. Das Verfahren soll entbürokratisiert werden.

(Beifall bei den Regierungsparteien)

Die Leistungen der Soldaten und Zivilisten in der Bundeswehr, meine Damen und Herren, werden nur dann voll wirksam, wenn sie von der Anerkennung durch die öffentliche Meinung getragen werden.

(Beifall bei den Regierungsparteien und bei Abgeordneten der CDU / CSU)

Meine Damen und Herren, Bildung und Ausbildung, Wissenschaft und Forschung stehen an der Spitze der Reformen, die es bei uns vorzunehmen gilt. Wir haben die Verantwortung, soweit sie von der Bundesregierung zu tragen ist, im Bundesministerium für Bildung und Wissenschaft zusammengefasst.

Mit diesem Hohen Haus sind wir uns wohl darin einig, dass die Aufgaben von Bildung und Wissenschaft nur gemeinsam von Bund, Ländern und Gemeinden gelöst werden können. Der 5. Deutsche Bundestag hat für die Zusammenarbeit von Bund und Ländern eine Reihe neuer Möglichkeiten geschaffen, die diese Bundesregierung voll ausschöpfen will; sie will den Ländern – ohne deren Zuständigkeiten anzutasten – helfen.

Schwere Störungen des gesamten Bildungssystems ergeben sich daraus, dass es bisher nicht gelungen ist, die vier Hauptbereiche unseres Bildungswesens – Schule, Hochschule, Berufsausbildung und Erwachsenenbildung – nach einer durchsichtigen und rationalen Konzeption zu koordinieren. Solange aber ein Gesamtplan fehlt, ist es nicht möglich, Menschen und Mittel so einzusetzen, dass ein optimaler Effekt erzielt wird.

Die Bundesregierung hat aufgrund des Art. 91 b des Grundgesetzes eine klare verfassungsrechtliche Grundlage für eine Bildungsplanung gemeinsam mit den Ländern erhalten. Besonders dringlich ist ein langfristiger Bildungsplan für die Bundesrepublik für die nächsten fünfzehn bis zwanzig Jahre. Dieser dem Bundestag und den Länderparlamenten vorzulegende Plan soll gleichzeitig erklären, wie er verwirklicht werden kann. Gleichzeitig muss ein nationales Bildungsbudget für einen Zeitraum von fünf bis fünfzehn Jahren aufgestellt werden.

(Beifall bei den Regierungsparteien)

Die Bundesregierung wird in den Grenzen ihrer Möglichkeiten zu einem Gesamtbildungsplan beitragen. Das Ziel ist die Erziehung eines kritischen, urteilsfähigen Bürgers, der imstande ist, durch einen permanenten Lernprozess die Bedingungen seiner sozialen Existenz zu erkennen und sich ihnen entsprechend zu verhalten. Die Schule der Nation ist die Schule.

(Lebhafter Beifall bei der SPD und Beifall bei der FDP – Lachen bei der CDU / CSU)

Wir brauchen das 10. Schuljahr, und wir brauchen einen möglichst hohen Anteil von Menschen in unserer Gesellschaft, der eine differenzierte Schulausbildung bis zum 18. Lebensjahr erhält. Die finanziellen Mittel für die Bildungspolitik müssen in den nächsten Jahren entsprechend gesteigert werden.

(Zuruf von der CDU / CSU: Wie?)

Die Bundesregierung wird sich von der Erkenntnis leiten lassen, dass der zentrale Auftrag des Grundgesetzes, allen Bürgern gleiche Chancen zu geben, noch nicht annähernd erfüllt wurde. Die Bildungsplanung muss entscheidend dazu beitragen, die soziale Demokratie zu verwirklichen.

(Beifall bei den Regierungsparteien)

Zu den neuen Aufgaben der Bundesregierung gehört es, ein Hochschulrahmengesetz vorzulegen. Ein solches Gesetz wird auch die Lage der bisherigen Fachhochschulen im Rahmen eines Gesamthochschulsystems zu berücksichtigen haben. Fragen der Personalstruktur stehen zunächst im Mittelpunkt. Für Hochschulen und staatliche Forschungseinrichtungen müssen wirksame Vorschläge für die Überwindung überalterter hierarchischer Formen vorgelegt werden. Soweit der Bund vorwiegend betroffen ist, werden entsprechende Maßnahmen beschleunigt getroffen.

Der Ausbau der Hochschulen muss verstärkt vorangetrieben werden. Um eine kurzfristige Erweiterung der Kapazitäten der Hochschulen zu erreichen, soll ein möglichst großer Teil der Mittel für den Hochschulbau sofort für solche Bauten bereitgestellt werden, die durch eine Rationalisierung des Bauverfahrens innerhalb von zwölf bis fünfzehn Monaten schlüsselfertig zur Verfügung stehen können.

Die Bundesregierung wird prüfen, wie den Ländern bei der Überwindung des Numerus clausus in wesentlichen Fachbereichen am besten geholfen werden kann. Vordringlich werden auch die modernen Unterrichtstechnologien und das Fernstudium anzuwenden sein.

Die Hochschulreform ist aber nur ein Teil der vor uns liegenden Reformen unseres allgemeinen Bildungswesens. Die Bildungspolitik kann und darf nicht mehr nach Ausbildungsstufen isoliert betrachtet werden. Bildung, Ausbildung und Forschung müssen als ein Gesamtsystem begriffen werden, das gleichzeitig das Bürgerrecht auf Bildung sowie den Bedarf der Gesellschaft an möglichst hoch qualifizierten Fachkräften und an Forschungsergebnissen berücksichtigt. Grundlegende Reformen in Bildung und Forschung sind zugleich Bedingung für die zukünftige wirtschaftliche Wettbewerbsfähigkeit unseres Landes.

Meine Damen und Herren, neuerdings wird viel über die technologische Lücke, über das, was einige den Mut zur Lücke nennen, und über rationale Kriterien für die Festsetzung von Prioritäten in und zwischen den verschiedenen Kategorien der Forschung diskutiert. Wir meinen, ein Land von der Größe der Bundesrepublik kann und muss auch heute noch die Grundlagenforschung in ihrer ganzen Breite fördern. Dies steht nicht in Widerspruch zur Auswahl von Schwerpunkten für die staatliche Förderung von Forschung und Entwicklung, die wegen der begrenzten Mittel unerlässlich ist. Ein wichtiges Ziel der Bundesregierung ist, Methoden des politischen Entscheidungsprozesses über Forschungsprioritäten zu entwickeln, die heute kaum in den Anfängen vorhanden sind.

Die Bundesregierung beabsichtigt, verstärkt Haushaltsmittel für die Förderung der Informatik und der Entwicklung von Computersprachen einzusetzen. Diese Seite der Datenverarbeitung ist besonders umfangreich und erfordert mehr Mittel als die Entwicklung der eigentlichen Rechenmaschinen. Man übertreibt nicht, wenn man der Computertechnik eine katalytische Wirkung nicht allein für die gesamte wissenschaftlich-technische Entwicklung zuspricht, sondern weit darüber hinaus auch für die industrielle Produktion, die Verwaltung und andere Bereiche.

Wir sind uns bewusst, dass moderne Forschungsvorhaben weltweit miteinander verflochten sind. Wir werden jede internationale, vor allem europäische Arbeitsteilung auf diesem Gebiet fördern. Meine Damen und Herren, in Europa gibt es eine Gemeinschaft der Wissenschaftler, die in ihrer Leistungsfähigkeit hinter der amerikanischen und sowjetrussischen dann nicht zurückstehen braucht, wenn sie es lernt, ihre Kräfte zu vereinigen.

Meine Damen und Herren, die Bundesregierung wird stärker als bisher eine wachstumsorientierte Strukturpolitik betreiben. Durch die Auflösung des Bundesschatzministeriums und die Übernahme des ERP-Vermögens in das Bundeswirtschaftsministerium können die strukturpolitischen Maßnahmen in der Regional-, Sektoral- und Unternehmensgrößenpolitik besser koordiniert und intensiviert werden. Eine »Strukturpolitik aus einem Guss« wird möglich.

Unter Erhaltung der Priorität Berlins und des Zonenrandgebiets bleibt die Stärkung der Leistungskraft ländlicher Gebiete ein strukturpolitischer Schwerpunkt. Die Konzentration der Mittel auf entwicklungsfähige Standorte sichert die höchste Effizienz. Die Gemeinschaftsaufgabe der Verbesserung der regionalen Wirtschaftsstruktur verlangt dabei neue Formen der Zusammenarbeit von Bund und Ländern. Ich sage noch einmal: eine große strukturpolitische Aufgabe ist die Modernisierung unserer Landwirtschaft.

Die Industriewirtschaft ist auf ein stetiges und billiges Angebot von Energie und Rohstoffen angewiesen. Wir werden die Politik der Gesundung des Steinkohlenbergbaus, der Sicherung der Mineralölerzeugung, der Öffnung der Märkte für neue Energieträger und der Verbesserung des Wettbewerbs in der Elektrizitätswirtschaft ausbauen. Die Vorsorge für Krisensituationen erfordert auch einen ausreichenden Vorrat an lebenswichtigen Importwaren.

Umwelt und Lebensverhältnisse werden sich in den siebziger Jahren immer rascher verändern. Besonders auf den Gebieten der Raumordnung, des Städtebaus und des Wohnungsbaus werden daher systematische Vorausschau und Planung immer wichtiger. Als erster Schritt muss ein Städtebauförderungsgesetz zügig verabschiedet werden.

(Beifall bei den Regierungsparteien – Dr. Rainer Barzel [CDU]: Sie sind ja nicht einig in der Koalition!)

Dieses Gesetz soll eine Reform des Bodenrechts einleiten, die den Gemeinden eine sachgerechte Durchführung ihrer Planungen ermöglicht und die Bodenspekulation verhindert.

(Beifall bei den Regierungsparteien)

Dabei dürfen und wollen wir nicht aus dem Auge verlieren, dass es die breite Streuung privaten Eigentums zu fördern und den bäuerlichen Bodenbesitz zu wahren gilt.

(Zurufe von der CDU / CSU)

Wir werden ein langfristiges Programm des sozialen Wohnungsbaus aufstellen und mit den Ländern abstimmen. Es wird sich am Bedarf orientieren. Neben diesen Aufgaben steht gleichberechtigt die Verbesserung des Wohngeldgesetzes.

Die Zielvorstellungen für die räumliche Entwicklung der Bundesrepublik sollen in einem Bundesraumordnungsprogramm entwickelt werden. Maßnahmen der Strukturpolitik, der regionalen Wirtschaftsförderung und des Städte- und Wohnungsbaus werden sich hier sinnvoll einfügen. Die Bundesregierung bietet Ländern und Gemeinden an, Vorstellungen für einen langfristig angelegten Städtebau zu entwickeln. Sie wird diese in einem zweiten Städtebaubericht konkretisieren.

Meine Damen und Herren, die Bundesregierung ist mit vielen draußen im Lande und sicher auch mit vielen in diesem Hause der Überzeugung, dass dem Schutz der Natur, von Erholungsgebieten, auch dem Schutz der Tiere, mehr Aufmerksamkeit geschenkt werden muss.

(Beifall bei den Regierungsparteien und bei Abgeordneten der CDU / CSU – Zurufe von der CDU / CSU)

Die Verbesserung der Struktur unserer Wirtschaft erfordert ein leistungsfähiges Verkehrswesen.

(Anhaltende Unruhe bei der CDU / CSU)

Mit Nachdruck wird die Bundesregierung die in der letzten Legislaturperiode eingeleiteten Reformen fortsetzen. Moderne Verkehrspolitik bedarf einer umfassenden Planung, zu der die Verkehrswissenschaft noch mehr als bisher heranzuziehen ist. Die Bundesregierung wird als Voraussetzung für eine von ihr angestrebte liberalere Verkehrswirtschaft ihre Bemühungen verstärken, gleiche Wettbewerbsbedingungen für die Verkehrsträger zu schaffen.

Die Deutsche Bundesbahn hat in den letzten Jahren in erfreulicher Weise begonnen, sich auf die Verkehrsbedürfnisse der Zukunft auszurichten. Weitere Reformen in Organisation und Verwaltung sind notwendig, damit sie – einem Wirtschaftsunternehmen vergleichbar – nach modernen kaufmännischen Grundsätzen handeln kann. Es ist auch an der Zeit, dass der Bund als Eigentümer der Bundesbahn die durch den Wiederaufbau nach dem Krieg bei ihr entstandene Schuldenlast abnimmt. Die Zusammenarbeit zwischen den Verkehrsträgern im kombinierten Verkehr wird die Bundesregierung weiter fördern.

Das Autobahn- und Bundesstraßennetz wird in einem Fünfjahresplan als Teil eines Plans für die Jahre 1971 bis 1985 verstärkt ausgebaut werden. Ein Schwerpunkt wird die Chancenverbesserung strukturell schwacher Gebiete sein. Im Jahre 1970 wird außerdem der Entwurf der neuen Straßenverkehrsordnung vorgelegt.

Die Bundesregierung wird die Vorarbeiten für ein Schnellverkehrssystem mit einer Reisegeschwindigkeit von über 200 Kilometer in der Stunde,

> *(Dr. Rainer Barzel [CDU]: Donnerwetter! – Weitere Zurufe von der CDU / CSU)*

das in ein mitteleuropäisches Schnellverkehrssystem einzubetten ist, vorantreiben.

> *(Beifall bei den Regierungsparteien – Will Rasner [CDU]: 210! – Unruhe bei der CDU / CSU)*

Meine Damen und Herren, die Bundesregierung ist dem sozialen Rechtsstaat verpflichtet. Sie wird zur Verwirklichung dieses Verfassungsauftrags das unübersichtlich gewordene Arbeitsrecht in einem Arbeitsgesetzbuch zusammenfassen.

> *(Beifall bei der SPD)*

Sie wird auch mit den Arbeiten für ein den Anforderungen der Zeit entsprechendes Sozialgesetzbuch beginnen. Zur besseren Überschaubarkeit der Sozialleistungen wird die Bundesregierung das Sozialbudget zu einer Grundlage sozial- und wirtschaftspolitischer Entscheidungen ausbauen. Auf der Grundlage der in der letzten Legislaturperiode eingebrachten Gesetzentwürfe wird eine Reform des Betriebsverfassungsgesetzes und des Personalvertretungsgesetzes durchgeführt. Im Rahmen der Reform des Personalvertretungsgesetzes wird eine materielle und formelle Ausweitung der Mitwirkung der Personalvertretung vorgeschlagen. Unabhängig davon wird die Bundesregierung in ihrem eigenen Bereich schon jetzt Wert darauf legen, dass die Personalräte auch in solchen Sachfragen gehört werden, die nach geltendem Recht noch nicht zu deren Zuständigkeitsbereich gehören.

(Beifall bei der SPD)

Der in der vergangenen Legislaturperiode angeforderte Bericht der Mitbestimmungskommission wird geprüft und erörtert werden.

(Zurufe von der CDU / CSU: Aha!)

Wir wollen die demokratische Gesellschaft, zu der alle mit ihren Gedanken zu einer erweiterten Mitverantwortung und Mitbestimmung beitragen sollen.

Meine Damen und Herren, dem Schutz der Menschen vor den Risiken für die Gesundheit, die durch die technisierte und automatisierte Umwelt entstehen, dienen umfassende aufeinander abgestimmte Maßnahmen in Wissenschaft und Forschung, in der Gesundheitsgesetzgebung, in der Gesundheitsvorsorge und in der gesundheitlichen Aufklärung. Die Bundesregierung wird ein Institut für Sozialmedizin einrichten, das ausreichende Grundlagen für breit angelegte gezielte Vorsorgeuntersuchungen und für die Frühdiagnose der großen Krankheiten unserer Zeit schafft. Dem weiteren Ausbau der Krebsforschung und Krebsvorsorge messen wir besondere Bedeutung bei. Zum ausreichenden Schutz vor Luft- und Wasserverunreinigung und vor Lärmbelästigung werden entsprechende Gesetze vorgelegt.

(Beifall bei der SPD – Zuruf von der CDU / CSU: Blauer Himmel! – Weitere Zurufe von der CDU / CSU)

– Wenn ich jetzt doch einmal eine Zwischenbemerkung machen darf: Hier kommt wieder einer mit dem »blauen Himmel« und hat noch immer nicht gemerkt, wie sehr er sich mit den törichten Bemerkungen von 1961 blamiert hat;

(Beifall bei der SPD)

denn damals wurde von dem gesprochen, was längst notwendig war und heute notwendig ist.

(Zurufe von der CDU / CSU – Dr. Rainer Barzel [CDU]: Gegen wen reden Sie jetzt?)

– Nicht gegen Sie, Herr Kollege Barzel!
Um kranken Menschen die besten Chancen zur Wiederherstellung ihrer Gesundheit und Leistungsfähigkeit zu geben, wird die Bundesregierung einmal 1970 ein Gesetz zur wirtschaftlichen Sicherung eines bedarfsgerecht gegliederten Systems leistungsfähiger Krankenhäuser vorlegen, zum anderen die ärztliche Ausbildung reformieren und modernisieren. Die entsprechende Verordnung soll noch im Frühjahr 1970 verabschiedet werden.
Die Bundesregierung bekennt sich zum Grundsatz der freien Arztwahl und der freien Berufsausübung der Heilberufe.

(Dr. Rainer Barzel [CDU]: Jubel bei der SPD!)

Abgestimmt auf die europäische Entwicklung wird sie dafür sorgen, dass im Arzneimittelwesen Staat und Hersteller verantwortlich zusammenwirken, um ein Maximum an Sicherheit zu gewährleisten.

Im Zuge der Lebensmittelrechtsreform wird 1970 dem Deutschen Bundestag ein umfassender Gesetzentwurf zugeleitet. Hier geht es um den bestmöglichen Verbraucherschutz, um Klarheit und Wahrheit in Werbung und Deklaration.

(Beifall bei der SPD)

Meine Damen und Herren, Kindergeld, Steuerbegünstigungen und andere materielle Hilfen für die Familien müssen aufeinander abgestimmt und zugleich mit dem weiteren Ausbau der Ausbildungsförderung verbunden werden. Die weithin unzureichenden personalen Hilfen vor allem für berufstätige Mütter sind zu verbessern. Über die Erhöhung des Kindergeldes soll im Jahre 1970 entschieden werden.

Für die gesellschaftspolitischen Reformen und die moderne Gestaltung unseres demokratischen Industriestaates will und braucht jede Bundesregierung eine starke Mitwirkung der Frauen.

(Beifall bei der SPD)

Die Frauenenquete wird beschleunigt fortgeführt. Die notwendigen Konsequenzen werden gezogen werden, um den Frauen mehr als bisher zu helfen, ihre gleichberechtigte Rolle in Familie, Beruf, Politik und Gesellschaft zu erfüllen.

Die Bundesregierung wird darauf achten, dass Rationalisierung und Automatisierung nicht zulasten der Erwerbstätigen gehen, sondern den sozialen Fortschritt fördern. Wirtschafts-, Arbeitsmarkt- und Bildungspolitik werden auch bei notwendigen Umstrukturierungen sichere Arbeitsplätze gewährleisten. Wir wollen alle entsprechenden Bestrebungen der Tarifparteien unterstützen.

Technischer Fortschritt und wirtschaftliche Entwicklung stellen ständig neue Anforderungen an die Mobilität aller Erwerbstätigen. Darum halten wir die Einführung eines Bildungsurlaubs für eine wichtige Aufgabe.

(Beifall bei den Regierungsparteien)

Zur Humanisierung des Arbeitslebens haben Gesetzgeber und Tarifparteien den Schutz der Arbeitnehmer am Arbeitsplatz zu garantieren. Die Arbeitssicherheit und die gesundheitliche Betreuung am Arbeitsplatz werden ausgebaut.

Die Bundesregierung bekennt sich zur Bewahrung und Stärkung der Tarifautonomie.

(Beifall des Abg. Dr. Rainer Barzel [CDU])

Wir werden Errungenes sichern und besonders für die Mitbürger sorgen, die trotz Hochkonjunktur und Vollbeschäftigung im Schatten leben müssen, die durch Alter, durch Krankheit oder durch strukturelle Veränderung gefährdet sind. Die Bundesregierung wird um verstärkte Maßnahmen bemüht sein, die den Benachteiligten und Behinderten in Beruf und Gesellschaft, wo immer dies möglich ist, Chancen eröffnen.

Vom 1. Januar 1970 an werden die Kriegsopferrenten erhöht. Sie werden jährlich an die wirtschaftliche Entwicklung angepasst.

(Lebhafter Beifall bei den Regierungsparteien und bei Abgeordneten der CDU / CSU)

Auch strukturelle Verbesserungen sind vorgesehen.

Damit jeder Bürger klar erkennen kann, auf welche Sozialleistungen er Anspruch hat, wird eine Rentenberechnung nach Punkten eingeführt werden,

(Beifall bei der SPD)

um Übersicht und Anschaulichkeit der Sozialleistungen zu erhöhen. Die Bundesregierung wird im Laufe der Legislaturperiode den schrittweisen Abbau der festen Altersgrenze prüfen und sich bemühen, sie durch ein Gesetz über die flexible Altersgrenze zu ersetzen.

(Beifall bei den Regierungsparteien)

Die gesetzliche Alterssicherung soll für weitere Gesellschaftsgruppen geöffnet werden.

Zur Weiterentwicklung der Krankenversicherung wird die Bundesregierung ein Sachverständigengremium einsetzen. Dieses soll eine gründliche Bestandsaufnahme und Vorschläge für eine moderne Gesetzgebung erarbeiten. Die Krankenversicherungspflichtgrenze für Angestellte wird überprüft und dynamisiert. Oberhalb der Versicherungspflichtgrenze wird auch für alle Angestellten der Arbeitgeberbeitrag eingeführt werden.

(Beifall bei den Regierungsparteien)

Die Auswirkungen der vom 1. Januar 1970 an in Kraft tretenden Beitragsrückgewähr werden einer ständigen Überprüfung unterzogen.

Zur Vorbereitung der Reformen der Jugendgesetzgebung

und des Bundesjugendplans werden wir die Jugend selbst einschalten.

(Dr. Rainer Barzel [CDU]: Warum machen Sie denn hier keinen Jugendausschuss?)

Die Bundesregierung wünscht, ein europäisches Jugendwerk zu schaffen.

(Beifall bei der SPD)

Nach unseren Vorstellungen soll sich die Jugend osteuropäischer Länder daran beteiligen können.

(Beifall bei den Regierungsparteien)

Der Förderung des Sports werden wir unsere besondere Aufmerksamkeit widmen, ohne von dem Grundsatz abzulassen, dass der Sport von staatlicher Bevormundung frei bleiben muss. Der Höhepunkt der sportlich bedeutsamen Ereignisse in unserem Land werden die XX. Olympischen Sommerspiele in München und Kiel sein. Wir haben damit die Chance, der Weltöffentlichkeit das moderne Deutschland vorzustellen.

(Beifall bei den Regierungsparteien – Zuruf von der CDU / CSU: Dann haben wir es also schon!)

Die Bundesregierung befürwortet, so wie es mit den Vertretern der drei Fraktionen schon im vorigen Bundestag besprochen worden war, die Bildung einer Deutschen Sport-Konferenz. Sie würde aus Vertretern des Deutschen Sportbundes, des Bundes, der Länder und der Gemeinden zusammengesetzt sein und die Koordinierung aller Sportmaßnahmen ermöglichen.

Meine Damen und Herren, die Bundesregierung wird im

kommenden Jahr, dem ersten des neuen Jahrzehnts, in Ergänzung dieser Erklärung ihre Pläne und Vorhaben auf dem Gebiet der inneren Reform unseres Landes dem Parlament und der Öffentlichkeit in Einzelberichten unterbreiten. Sie wird im Januar 1970 den Bericht zur Lage der Nation erstatten, im Februar den Jahreswirtschaftsbericht zur Diskussion stellen.

> (*Dr. Rainer Barzel [CDU]: Und werden Sie den Haushalt beraten?*)

Im März wird die Bundesregierung den Bericht über die Lage der Landwirtschaft, im April den Sozialbericht vertreten. Im Mai wird die Bildungs- und Wissenschaftspolitik der Bundesregierung, im Juni das Weißbuch zur Verteidigungspolitik vorgetragen werden.

> (*Dr. Rainer Barzel [CDU]: Und wann kommt der Haushalt?*)

Nach den Parlamentsferien werden Berichte über die Verkehrspolitik und die Gesundheitspolitik, über Raumordnung und Städtebau, über die Vermögensbildung und über die Steuerreform folgen. Damit werden das Parlament und die Öffentlichkeit im ersten der siebziger Jahre ein umfassendes Bild der Reformpolitik dieser Regierung gewinnen können.

> (*Beifall bei den Regierungsparteien – Dr. Rainer Barzel [CDU]: Und wann kommt der Haushalt? Vielleicht darf dieses Haus bei der Termingestaltung auch noch mitreden!*)

Bei alledem dürfen wir nicht vergessen: Nur der Friede macht unsere Welt sicher; nur auf der Grundlage der Sicherheit kann der Friede sich ausbreiten. Diese Erkenntnis teilen wir mit den meisten Völkern dieser Erde. Die Bundesregierung ist entschlossen, dazu den deutschen Anteil zu leisten im Bewusstsein ihrer besonderen Verantwortung in Europa und nach besten Kräften, die wir aber nicht überschätzen.

Wir werden die Initiative des Herrn Bundespräsidenten aufgreifen und die Friedensforschung – im Wissen um die begrenzte Zahl der dafür gegenwärtig zur Verfügung stehenden Kräfte – koordinieren, ohne die Unabhängigkeit dieser Arbeit zu beeinträchtigen. Wir wollen auch damit einen deutschen Beitrag für die Befriedung der von Krisen und Kriegen zerrissenen Welt leisten. Es liegt im nationalen Interesse, die internationale Zusammenarbeit zu verstärken, damit die Völker ihre Umwelt besser verstehen. Professor Carl Friedrich von Weizsäcker hat sich bereit erklärt, der Bundesregierung auf diesem Gebiet beratend zur Seite zu stehen.

(Beifall bei den Regierungsparteien)

Zur notwendigen internationalen Zusammenarbeit gehört der Austausch geistiger Leistungen. Die Darstellung der deutschen Kultur im Ausland wird sich künftig stärker darauf richten, anderen Völkern neben den unvergänglichen Leistungen der Vergangenheit ein Bild dessen zu vermitteln, was in dieser Zeit des Überganges auch in Deutschland an geistiger Auseinandersetzung und fruchtbarer Unruhe tägliche Wirklichkeit ist.

Die Bundesrepublik Deutschland wird ihre Zusammenarbeit mit den Ländern Afrikas, Lateinamerikas und Asiens im Geiste der Partnerschaft ausbauen.

Am Vorabend der zweiten Entwicklungsdekade erklärt sie: Wir werden zu einer gemeinsamen Strategie der Entwicklung beitragen und Anregungen aus dem Bericht der Pearson-Kommission in Betracht ziehen. Die Bundesregierung wird sich bemühen, das dort vorgesehene Ziel für die öffentlichen Leistungen an der Entwicklungshilfe durch eine Steigerungsrate von durchschnittlich 11 Prozent im Jahr zu erreichen. Wir werden Wege suchen, um Rückflüsse aus Mitteln der öffentlichen Kapitalhilfe wieder voll für Zwecke der Entwicklungshilfe zu verwenden. Die Zahl der deutschen Entwicklungsexperten und Entwicklungshelfer wird erhöht mit dem Ziel, sie bis zur Mitte der siebziger Jahre zu verdoppeln. Die Bundesregierung wird fortfahren, die Qualität der deutschen Hilfe zu verbessern. Dazu wird sie Planung und Durchführung der Entwicklungshilfe vereinfachen und straffen. Partnerschaft mit den Ländern der Dritten Welt ist nicht allein Sache des Staates.

Daher wird die Bundesregierung auch alle nichtstaatlichen Initiativen fördern, die den Entwicklungsprozess in diesen Ländern beschleunigen können.

Die Welt kann von einem wirtschaftlich starken Lande wie dem unsrigen eine liberale, den Handel aller Länder fördernde Außenwirtschaftspolitik erwarten. Dazu tragen wir durch unsere eigenen Bemühungen und durch unsere Beteiligung in allen mit dem Welthandel befassten Organisationen bei. Ebenso wollen wir den Handel der Entwicklungsländer fördern; ich nenne hier nur die universellen Präferenzen für Waren aus den Entwicklungsländern.

Meine Damen und Herren, die Außenpolitik dieser

Bundesregierung knüpft an die Friedensnote vom März 1966 und die Regierungserklärung vom Dezember 1966 an. Die in diesen Dokumenten niedergelegte Politik hat damals die Zustimmung aller Fraktionen dieses Hauses erhalten. Der Wille zu Kontinuität und konsequenter Weiterentwicklung gestattet es, auf manche Wiederholung zu verzichten. Die Bundesregierung beabsichtigt, in den Vereinten Nationen, in ihren Sonderorganisationen und in anderen internationalen Organisationen verstärkt mitzuarbeiten. Dies gilt auch für weltweite Abkommen der Abrüstung und Rüstungsbegrenzung, die zunehmend Bedeutung gewinnen. Die Bundesregierung wird dabei die Politik fortsetzen, die ich als Außenminister am 3. September 1968 auf der Konferenz der Nichtnuklearmächte in Genf entwickelt habe.

Wir unterstreichen die grundsätzliche Bereitschaft, mit allen Staaten der Welt, die unseren Wunsch nach friedlicher Zusammenarbeit teilen, diplomatische Beziehungen zu unterhalten und die bestehenden Handelsbeziehungen zu verstärken. Die Bundesregierung lehnt jede Form von Diskriminierung, Unterdrückung und fremder Beherrschung ab, die das friedliche Zusammenleben der Völker auch in unseren Tagen immer von Neuem gefährdet.

(Beifall bei den Regierungsparteien)

Meine Damen und Herren, das nordatlantische Bündnis, das sich in den zwanzig Jahren seiner Existenz bewährt hat, gewährleistet auch in Zukunft unsere Sicherheit. Sein fester Zusammenhalt ist die Voraussetzung für das solidarische Bemühen, zu einer Entspannung in Europa zu kommen. Welche der beiden Seiten der Sicherheitspolitik wir auch betrachten, ob es sich um unseren ernsten und nachhaltigen Versuch zur gleichzeitigen und gleichwertigen Rüstungsbegrenzung und Rüstungskontrolle handelt oder um die Gewährleistung ausreichender Verteidigung der Bundesrepublik Deutschland: Unter beiden Aspekten begreift die Bundesregierung ihre Sicherheitspolitik als Politik des Gleichgewichts und der Friedenssicherung. Und ebenso versteht sie unter beiden Aspekten die äußere Sicherheit unseres Staates als eine Funktion des Bündnisses, dem wir angehören und als dessen Teil wir zum Gleichgewicht der Kräfte zwischen West und Ost beitragen.

Wir brauchen zu unserer Sicherheit Freunde und Verbündete, so wie sie zu ihrer Sicherheit uns und unseren Beitrag brauchen. Ohne gegenseitiges Vertrauen in die politische Stabilität dieser Einsicht sind weder Bündnis noch Sicherheit aufrechtzuerhalten. Wir werden deshalb in und gegenüber dem Bündnis die bisherige Politik fortsetzen und erwarten dies auch von unseren Bündnispartnern und von ihren Beiträgen zur gemeinsamen Sicherheitspolitik und zu den vereinbarten gemeinsamen Sicherheitsanstrengungen.

So wie das westliche Bündnis defensiv ist, so ist auch unser eigener Beitrag dazu defensiv. Die Bundeswehr ist weder nach ihrer Erziehung und Struktur noch nach ihrer Bewaffnung und Ausrüstung für eine offensive Strategie geeignet. Die Bundesregierung wird an dem ihrer Verteidigungspolitik zugrunde liegenden Defensivprinzip keinen Zweifel lassen.

Meine Damen und Herren, die engen Bindungen zwischen uns und den Vereinigten Staaten von Amerika schließen für die Bundesregierung jeden Zweifel an der Verbindlichkeit der Verpflichtungen aus, die von den USA nach Vertrag und Überzeugung in Europa, für die Bundesrepublik und für Berlin übernommen worden sind. Unsere gemeinsamen Interessen bedürfen weder zusätzlicher Versicherungen noch sich wiederholender Erklärungen.

(Beifall bei den Regierungsparteien und bei Abgeordneten der CDU / CSU)

Sie sind tragfähig für eine selbstständigere deutsche Politik in einer aktiveren Partnerschaft.

(Erneuter Beifall)

Die Bundesregierung wird sich gemeinsam mit ihren Verbündeten konsequent für den Abbau der militärischen Konfrontation in Europa einsetzen. Sie wird zusammen mit ihnen auf gleichzeitige und ausgewogene Rüstungsbeschränkung und Truppenreduzierung in Ost und West hinwirken.

Zur Thematik einer Konferenz, die der europäischen Sicherheit dienen soll, bekräftigt die Bundesregierung die Haltung, die in dem am 12. September dieses Jahres in Helsinki übergebenen Memorandum eingenommen worden ist. Eine derartige Konferenz kann nach sorgfältiger Vorbereitung eine wichtige Etappe auf dem Wege zu größerer Sicherheit bei geringerer Rüstung und zu Fortschritten zwischen den Partnern Ost- und Westeuropas werden.

Unter den gegenwärtigen Spannungsherden ist der Konflikt im Nahen Osten besonders besorgniserregend. Die Bundesregierung meint, dass es im Interesse der betroffenen Völker läge, eine Lösung zu finden, wie sie in der Entschließung des Sicherheitsrates der Vereinten Nationen vom 22. November 1967 angeboten wurde. Wir wünschen gute Beziehungen zu allen Staaten dieser Region und bestätigen zugleich die Entschlossenheit, keine Waffen in Spannungsgebiete zu liefern.

(Beifall bei den Regierungsparteien und bei Abgeordneten der CDU / CSU)

Wir vereinigen uns mit allen Staaten und nicht zuletzt mit den gequälten betroffenen Menschen in dem Wunsch, dass der Krieg in Vietnam endlich beendet wird durch eine politische Lösung, die von allen Beteiligten gebilligt werden kann. Wir bekräftigen unsere Bereitschaft, dann, wenn es so weit ist, am Wiederaufbau beider zerstörter Landesteile mitzuwirken.

(Beifall bei den Regierungsparteien und bei Abgeordneten der CDU / CSU)

Meine Damen und Herren, der bevorstehenden Konferenz der sechs in Den Haag kommt eine besondere Bedeutung zu. Diese Konferenz der sechs kann darüber entscheiden, ob Europa in den sachlichen miteinander verknüpften Themen des inneren Ausbaus, der Vertiefung und der Erweiterung der Gemeinschaft entweder einen mutigen Schritt nach vorn tut oder aber in eine gefährliche Krise gerät. Die Völker Europas warten und drängen darauf, dass die Staatsmänner der Logik der Geschichte den Willen zum Erfolg an die Seite stellen.

*(Beifall bei den Regierungsparteien und bei Abgeord-
neten der CDU / CSU)*

Der deutsch-französische Gleichklang kann dabei ausschlaggebend sein. Die Bundesregierung ist bereit, den engen vertraglichen Bindungen jene Unverbrüchlichkeit zu verleihen, die beispielgebend sein sollte für die Art der Beziehungen, die zwischen europäischen Partnern heute hergestellt werden können.

Meine Damen und Herren, die Erweiterung der Europäischen Gemeinschaft muss kommen. Sie, die Gemeinschaft, braucht Großbritannien ebenso wie die anderen beitrittswilligen Länder. Im Zusammenklang der europäischen Stimmen darf die britische keineswegs fehlen, wenn Europa sich nicht selbst schaden will.

*(Beifall bei den Regierungsparteien und bei Abgeord-
neten der CDU / CSU)*

Wir haben mit Befriedigung verfolgt, dass für die ausschlaggebenden Kräfte der britischen Politik weiterhin die Überzeugung gilt, Großbritannien brauche seinerseits Europa. Es ist an der Zeit, so meinen wir, den sicher schwierigen und vermutlich auch zeitraubenden Prozess einzuleiten, an dessen Ende die Gemeinschaft auf einer breiteren Grundlage stehen wird.

Im Zusammenhang damit wird die Bundesregierung darauf hinwirken, dass die Gemeinschaft neue Formen wirtschaftlicher Zusammenarbeit mit den Staaten Europas entwickelt, die ihr nicht beitreten können oder wollen.

Die Bundesregierung wird die Entwicklung einer engeren politischen Zusammenarbeit in Europa mit dem Ziel fördern, eine gemeinsame Haltung dieser Staaten in weltpolitischen Fragen Schritt um Schritt aufzubauen. Wir wissen uns darin auch besonders einig mit Italien und den Benelux-Staaten. Unser nationales Interesse erlaubt es nicht, zwischen dem Westen und dem Osten zu stehen. Unser Land braucht die Zusammenarbeit und Abstimmung mit dem Westen und die Verständigung mit dem Osten.

Aber vor diesem Hintergrund sage ich mit starker Betonung, dass das deutsche Volk Frieden braucht – den Frieden im vollen Sinne dieses Wortes – auch mit den Völkern der Sowjetunion und allen Völkern des europäischen Ostens.

(Beifall bei allen Fraktionen)

Zu einem ehrlichen Versuch der Verständigung sind wir bereit, damit die Folgen des Unheils überwunden werden können, das eine verbrecherische Clique über Europa gebracht hat.

Dabei geben wir uns keinen trügerischen Hoffnungen hin: Interessen, Machtverhältnisse und gesellschaftliche Unterschiede sind weder dialektisch aufzulösen, noch dürfen sie vernebelt werden. Aber unsere Gesprächspartner müssen auch dies wissen: Das Recht auf Selbstbestimmung, wie es in der Charta der Vereinten Nationen niedergelegt ist, gilt auch für das deutsche Volk.

(Beifall bei allen Fraktionen)

Dieses Recht und der Wille, es zu behaupten, können kein Verhandlungsgegenstand sein.

(Allgemeiner Beifall)

Wir sind frei von der Illusion zu glauben, das Werk der Versöhnung sei leicht oder schnell zu vollenden. Es handelt sich um einen Prozess; aber es ist an der Zeit, diesen Prozess voranzubringen.

In Fortsetzung der Politik ihrer Vorgängerin erstrebt die Bundesregierung gleichmäßig verbindliche Abkommen über den gegenseitigen Verzicht auf Anwendung von oder Drohung mit Gewalt. Die Bereitschaft dazu gilt – ich darf es wiederholen – auch gegenüber der DDR. Ebenso unmissverständlich will ich sagen, dass wir gegenüber der uns unmittelbar benachbarten Tschechoslowakei zu den Abmachungen bereit sind, die über die Vergangenheit hinausführen.

(Beifall bei Abgeordneten der SPD)

Die Politik des Gewaltverzichts, die die territoriale Integrität des jeweiligen Partners berücksichtigt, ist nach der festen Überzeugung der Bundesregierung ein entscheidender Beitrag zu einer Entspannung in Europa. Gewaltverzichte würden eine Atmosphäre schaffen, die weitere Schritte möglich macht.

Diesem Zweck dienen auch gemeinsame Bemühungen, um den Handel, die technische Kooperation und den kulturellen Austausch zu fördern.

Die Bundesregierung verzichtet heute bewusst darauf, über den in der Erklärung gesetzten Rahmen hinaus Festlegungen vorzunehmen

(Dr. Rainer Barzel [CDU]: Hört! Hört!)

oder Formeln vorzutragen, welche die von ihr erstrebten Verhandlungen erschweren könnten.

(Beifall bei den Regierungsparteien)

Sie ist sich bewusst, dass es Fortschritte nur geben kann, wenn es neben unserer Bereitschaft auch eine kooperative Haltung in den Hauptstädten der Staaten des Warschauer Vertrages gibt.

Meine Damen und Herren, kurzfristig wird die Bundesregierung eine Reihe von Entscheidungen treffen, die ihren Willen zur kontinuierlichen und konsequenten Weiterführung der bisherigen Politik beispielhaft deutlich machen:

1. Die Bundesregierung wird auf der Konferenz in Den Haag darauf hinwirken, dass wirksame Maßnahmen zur Vertiefung und Erweiterung der Gemeinschaft und zur verstärkten politischen Zusammenarbeit eingeleitet werden.

2. Sie wird das Angebot der Vereinigten Staaten von Amerika aufgreifen, die deutsche industrielle Leistungskraft auf begrenzten Gebieten der Weltraumforschung zu beteiligen.

3. Sie wird sich aktiv an den Arbeiten des vom Rat der Nordatlantikpaktorganisation eingesetzten Ausschusses für die Probleme der modernen Gesellschaft beteiligen.

4. Sie wird demnächst das sowjetische Aide-Mémoire zum Thema Gewaltverzicht beantworten und einen Termin für die von der Sowjetunion angeregten Verhandlungen in Moskau vorschlagen.

5. Sie wird der Regierung der Volksrepublik Polen einen Vorschlag zur Aufnahme von Gesprächen zugehen lassen, mit dem sie die Ausführungen Władisław Gomułkas vom 17. Mai dieses Jahres beantwortet.

(Dr. Rainer Barzel [CDU]: Dazu hätte das Parlament gern etwas gehört!)

6. Sie wird den Vertrag über die Nichtverbreitung von Atomwaffen unterzeichnen, sobald – entsprechend den Beschlüssen der letzten Bundesregierung – die noch ausstehenden Klärungen herbeigeführt sind.

(Beifall bei den Regierungsparteien – Lachen bei der CDU / CSU)

– Meine Damen und Herren, wenn nicht gerade heute darüber in Washington gesprochen würde, würde ich auf die höhnischen Zurufe von soeben antworten. Ich verzichte darauf zu antworten, weil mir am Erfolg der Verhandlungen liegt und nicht an der Polemik in diesem Augenblick. Das können wir auch morgen noch machen.

(Beifall bei den Regierungsparteien)

Polemisieren dazu können wir auch noch morgen oder übermorgen.

(Zuruf von der CDU / CSU: Schulmeister! – Dr. Rainer Barzel [CDU]: Herr Kollege Brandt, bringen Sie bitte eins nicht durcheinander: Wir legen Wert darauf zu wissen, welches Angebot Sie Polen machen werden! – Weitere Zurufe von der CDU / CSU)

– Es ging jetzt nicht um Polen, es ging um den NV-Vertrag.

(Dr. Rainer Barzel [CDU]: Unsere Unruhe begann bei Polen, wo wir etwas mehr wissen wollen!)

– Ich habe Ihnen das dazu gesagt, was heute im Rahmen der Regierungserklärung zu sagen ist.

(Beifall bei den Regierungsparteien – Dr. Rainer Barzel [CDU]: Aber zu wenig!)

Meine Damen und Herren! Diese Regierung redet niemandem nach dem Mund.

(Lachen bei der CDU / CSU)

Sie fordert viel, nicht nur von anderen, sondern auch von sich selbst.

(Beifall bei den Regierungsparteien)

Sie setzt konkrete Ziele. Diese Ziele sind nur zu erreichen, wenn sich manches im Verhältnis des Bürgers zu seinem Staat und seiner Regierung ändert.

Die Regierung kann in der Demokratie nur erfolgreich wirken, wenn sie getragen wird vom demokratischen Engagement der Bürger. Wir haben so wenig Bedarf an blinder Zustimmung, wie unser Volk Bedarf hat an gespreizter Würde und hoheitsvoller Distanz.

(Lebhafter Beifall bei den Regierungsparteien)

Wir suchen keine Bewunderer; wir brauchen Menschen, die kritisch mitdenken, mitentscheiden und mitverantworten.

(Beifall bei den Regierungsparteien)

Das Selbstbewusstsein dieser Regierung wird sich als Toleranz zu erkennen geben.

(Lachen bei der CDU / CSU)

Sie wird daher auch jene Solidarität zu schätzen wissen, die sich in Kritik äußert. Wir sind keine Erwählten; wir sind Gewählte.

(Lebhafter Beifall bei den Regierungsparteien)

Deshalb suchen wir das Gespräch mit allen, die sich um diese Demokratie mühen.

Meine Damen und Herren, in den letzten Jahren haben manche in diesem Land befürchtet, die zweite deutsche Demokratie werde den Weg der ersten gehen. Ich habe dies nie geglaubt. Ich glaube dies heute weniger denn je. Nein: Wir stehen nicht am Ende unserer Demokratie, wir fangen erst richtig an.

(Dr. Rainer Barzel [CDU]: Aber Herr Brandt! – Weitere Zurufe von der CDU / CSU)

Wir wollen ein Volk der guten Nachbarn sein und werden – im Inneren und nach außen.

(Anhaltender lebhafter Beifall bei den Regierungsparteien – Dr. Rainer Barzel [CDU]: Das ist ein starkes Stück, Herr Bundeskanzler! Ein starkes Stück! Unglaublich! Unerhört!)

ZWISCHEN WUNSCH UND WIRKLICHKEIT

Die Regierungserklärungen der Sozialdemokraten

Nachwort von Stefan Aust

Norddeutsche sind sie alle, die vier bisherigen sozialdemokratischen Bundeskanzler: Willy Brandt, geboren in Lübeck, Helmut Schmidt aus Hamburg-Barmbek, Gerhard Schröder, geboren bei Lippe, aufgewachsen in Niedersachsen, und Olaf Scholz, geboren in Osnabrück, aufgewachsen in Hamburg-Rahlstedt.

Ihre Sprache ist Hochdeutsch fast ohne einen Anflug von Dialekt – mit Ausnahme von Helmut Schmidt, der gern und fast demonstrativ über den s-pitzen S-tein s-tolperte.

Für sie alle war an diesem Tag ein Traum in Erfüllung gegangen, für den sie lange gearbeitet, gestritten und gekämpft hatten. Willy Brandt war zweimal als Kanzlerkandidat gescheitert, bis er als Vizekanzler der Großen Koalition noch einmal in den Wahlkampf zog und danach mit der FDP eine Regierung bilden konnte. Helmut Schmidt folgte Brandt nach dessen Rücktritt und gewann die folgenden Wahlen gegen Helmut Kohl und Franz Josef Strauß. Dann kamen sechzehn endlose Jahre Kohl. Gerhard Schröder hatte am Gitter des Kanzleramtes gerüttelt und gerufen: »Ich will da rein!«, was ihm dann auch gelang. Bei ihnen allen war der Tag der Regierungserklärung der Start vom Traum in die Wirklichkeit – und die entwickelte sich zumeist anders, als es ihre Pläne vorsahen. Und auch für ihre Partei ging es bergauf und vor allem bergab. Willy Brandt scheiterte 1961 mit 36,2 Prozent der Zweitstimmen, Olaf Scholz konnte 2021 mit nur 25,7 Prozent Kanzler werden.

Ihre Partei ist die älteste noch bestehende Partei Deutschlands. Seit ihrer Gründung unter dem heutigen Namen »Sozialdemokratische Partei Deutschlands« 1890 wurde sie bei allen Reichstagswahlen bis 1930 immer stimmstärkste Partei und ist mit 400 000 Mitgliedern (Stand 2020) immer noch die mitgliederstärkste Partei in Deutschland.

Regieren fiel ihr dennoch schwer: als kleinerer Partner einer Großen Koalition (Kiesinger / Brandt) wie als Kanzler-Partei gemeinsam mit der FDP im Duo Brandt / Scheel und Schmidt / Genscher. Dann verlor sie Stimmen an die neu gegründeten Grünen und verschwand für die sechzehn Kohl-Jahre in der Opposition. Nach der Wiedervereinigung nagte die zunächst in PDS, dann in Linkspartei umbenannte DDR-Staatspartei SED am Wählerpotenzial der SPD.

Doch schließlich schaffte es Gerhard Schröder, die Grünen an die Seite der Sozialdemokraten ins Regierungsboot zu holen, um dann nach gerade einmal eineinhalb Legislaturperioden den Führungsstab an eine CDU-Kanzlerin aus dem Osten abzugeben.

Angela Merkel hatte den Trick raus, wie man mit der Politik der Konkurrenzpartei die eigene Macht festigt. Bereitwillig folgten die Sozialdemokraten der Einladung als Juniorpartner einer neuen »GroKo«. Sie wollten lieber einig unter Merkels freundlicher Fuchtel mitregieren, als auch nur zu versuchen, mit Grünen und FDP in einer Ampel den Kurs wie Schröder selbst zu bestimmen. Wer oder was zu dieser Entscheidung führte, dieses Geheimnis will der eine oder andere daran Beteiligte sicher am liebsten mit ins Grab nehmen.

Aber nun ist sie doch gekommen, die Rot-Gelb-Grüne Ampel, nach erneut sechzehn schier endlosen Jahren Regentschaft – unter einer Kanzlerin, die eigentlich eher zufällig in der CDU gelandet war. Sie war die Meisterin im politischen Farbenspiel und hätte mit jeder Couleur eine Koalition zusammenmischen können, solange sie den Ton angab. Allerdings gehört zu ihrer Hinterlassenschaft eine Partei im Bundestag, die aus der immer wieder betonten Alternativlosigkeit ihrer Politik ein Gegenprogramm schusterte.

Der vierte Sozialdemokrat in der Rolle des Bundeskanzlers, er hat es auch nicht leichter als seine Vorgänger, auch wenn sich die Positionen im Parlament – abgesehen von den rechten Alternativisten – immer weiter angenähert haben. Dabei spielt die AfD eine ganz besondere Rolle: hat sie ein Thema entdeckt, ist es beinahe tabu für alle anderen. Der demokratische Diskurs ist eingeengt wie kaum zuvor in der Geschichte der Bundesrepublik.

Der Kernsatz aus der Regierungserklärung des ersten sozialdemokratischen Kanzlers in der Geschichte der Bundesrepublik – heute klingt er leicht abgenutzt, weil er inzwischen von fast jedermann genutzt wird, der seinen kruden Vorstellungen einen demokratischen Anstrich verpassen will. Willy Brandt stand für den Aufbruch in eine neue Zeit. In seiner Regierungserklärung am 28. Oktober 1969 sagte der erste sozialdemokratische Bundeskanzler: »Wir wollen mehr Demokratie wagen.« Das provozierte Zwischenrufe des Oppositionsführers Rainer Barzel von der CDU, der wohl ausdrücken wollte: Die Demokratie ist doch bereits da. Vielleicht hatte er aber auch die Bilder der Demonstrationen in West-Berlin und anderswo im Kopf, auf denen die linken Querdenker der damaligen Zeit gegen die Schutzmacht USA und ihren angeblich alternativlosen Vietnam-Feldzug protestierten. Aber die Bundesrepublik, obgleich das demokratischste Land in der deutschen Geschichte, stank nach dem Muff von 1000 Jahren, wie es die demonstrierenden Studenten in den Jahren zuvor skandiert hatten. Brandts Vorgänger Kurt Georg Kiesinger war Mitglied der NSDAP gewesen. Frauen, die arbeiten wollten, brauchten dafür noch immer die Erlaubnis ihres Ehemanns. Schwule wanderten wegen ihrer sexuellen Orientierung nach Paragraph 175 ins Gefängnis.

Noch mutiger aber war Willy Brandts Ankündigung, die Bundesrepublik Deutschland mit ihren Nachbarn im Osten versöhnen zu wollen. Groß war der Einfluss der Vertriebenenverbände, die auf Revanche sannen. Auf keinen Fall wollten sie den Status quo anerkennen, dass die Gebiete jenseits von Oder und Neiße jetzt zu Polen gehörten,

Königsberg nun Kaliningrad hieß und eine sowjetische Stadt war. Brandt musste sich vorsichtig ausdrücken, auf das berufen, was schon die Große Koalition angeschoben hatte, in der er Außenminister war: »Anknüpfend an die Politik ihrer Vorgängerin erklärt die Bundesregierung, dass die Bereitschaft zu verbindlichen Abkommen über den gegenseitigen Verzicht auf Anwendung oder Androhung von Gewalt auch gegenüber der DDR gilt.« An Polen gerichtet, kündigte er allgemein »einen Vorschlag zur Aufnahme von Gesprächen« an, worauf Barzel dazwischenrief: »Dazu hätte das Parlament gern etwas gehört.« Dies war der Vorbote der scharfen Auseinandersetzung um die Ostverträge in den folgenden Jahren. Wenn heute über eine Spaltung der Gesellschaft gesprochen wird, wird oft vergessen, dass die Gräben auch damals tief waren. Anders war vielleicht nur, dass beide Flügel der Gesellschaft durch ungefähr gleich große Parteien im Bundestag vertreten waren.

Brandt sprach von einem Aufbruch, aber er hütete sich vor Versprechungen. Seine Regierung werde sich bemühen, er machte deutlich, dass er nicht allein maßgeblich war. So pathetisch er auch klang, er war nüchtern und bescheiden.

Willy Brandt wollte Brücken bauen: »Wir suchen keine Bewunderer; wir brauchen Menschen, die kritisch mitdenken, mitentscheiden und mitverantworten. Das Selbstbewusstsein dieser Regierung wird sich als Toleranz zu erkennen geben. Sie wird daher auch jede Solidarität zu schätzen wissen, die sich in Kritik äußert. Wir sind keine Erwählten; wir sind Gewählte.«

Er beendete seine Regierungserklärung mit dem Satz: »Wir wollen ein Volk der guten Nachbarn sein und werden – im Inneren und nach außen.« Was aus Sicht heutiger Debatten auffällt: Es ging damals nicht darum, in der Sowjetunion oder anderswo Menschenrechte oder demokratische Prozesse nach westlicher Vorstellung durchzusetzen, sondern um friedliche Nachbarschaft mit diesen Ländern. Der Zweite Weltkrieg lag gerade ein Vierteljahrhundert zurück, und angesichts des von Hitler-Deutschland angerichteten Infernos hielten sich deutsche Politiker mit guten Ratschlägen für den Rest der Welt noch etwas zurück. Das sollte sich bald ändern – genauso wie es der österreichische Schriftsteller Franz Werfel schon vor Ende des Krieges vorhergesagt hatte:

> *Zwischen Weltkrieg Zwei und Drei drängten sich die Deutschen an die Spitze der Humanität und Allgüte … Die meisten der Deutschen nahmen auch, was sie unter Humanität und Güte verstanden, äußerst ernst. Sie hatten doch seit Jahrhunderten danach gelechzt, beliebt zu sein. Humanität und Güte erschien ihnen jetzt der beste Weg zu diesem Ziel. Sie fanden ihn sogar weit bequemer als Heroismus und Rassenlehre …**

Während Brandts Rede als visionär bezeichnet wurde, sagte sein Nachfolger Helmut Schmidt später: »Wer Visionen hat, sollte zum Arzt gehen.« Dem entsprach bereits

---

* Franz Werfel, *Stern der Ungeborenen*. Der Science-Fiction-Roman wurde 1946 veröffentlich, ein Jahr nach Werfels Tod.

der Ton seiner Regierungserklärung vom 17. Mai 1974:
»In einer Zeit weltweit wachsender Probleme konzentrieren wir uns in Realismus und Nüchternheit auf das
Wesentliche, auf das, was jetzt notwendig ist, und lassen
anderes beiseite. Kontinuität und Konzentration – das
sind die Leitworte dieser Bundesregierung.«

Seine Regierung musste auf wirtschaftliche Krisen von
außen reagieren. Die Rohölpreise hatten sich verdreifacht,
die Rohstoffpreise insgesamt in zwölf Monaten verdoppelt. Das spürten die Verbraucher durch eine Inflationsrate von 7,1 Prozent. Schmidt kündigte an, Erdgas, Kernenergie, Stein- und Braunkohle stärker zu entwickeln, um
den Ölanteil an der Energieversorgung zu reduzieren.
»Beim Bau neuer Kraftwerke müssen die berechtigten
Forderungen des Umweltschutzes berücksichtigt werden,
ohne dass es zu Verzögerungen kommt, die sachlich nicht
geboten und nicht erlaubt sind.«
»Nicht ohne Sorge« betrachtete er »die wachsenden Rüstungsanstrengungen im Warschauer Pakt«. Dies sollte ein
bestimmendes Thema seiner Regierungszeit werden: Die
von ihm als Reaktion auf die sowjetischen SS-20-Raketen
gesehene Nachrüstung mit Pershing II und Cruise Missiles löste Proteste der Friedensbewegung mit Millionen
Teilnehmern aus, bei denen auch sein Vorgänger im Kanzleramt Willy Brandt Reden hielt.
Der nüchterne Hanseat Schmidt geriet mehr und mehr
mit großen Teilen seiner Partei in Konflikt. Er riskierte
mangelnde Zustimmung, ohne sich von seinem Weg abbringen zu lassen.

Schmidt traute den Friedensbekundungen der Sowjets nicht, misstraute auch den Parteilinken, die den Einheitssozialisten der DDR allzu nahe kamen. Er wusste, dass er seine Kanzlerschaft dem Rücktritt Willy Brandts im Zuge der Guillaume-Affäre verdankte, als ein Agent des DDR-Auslandsgeheimdienstes in das engste Umfeld des Bundeskanzlers vorgedrungen war. Er wusste vermutlich nicht, dass Brandt zwei Jahre zuvor das Misstrauensvotum der Opposition nur überstanden hatte, weil derselbe DDR-Geheimdienst im Bundestag Stimmen der Opposition gekauft hatte. Der Kalte Krieg hatte sich noch nicht entspannt.

Schmidt wollte die Friedenspolitik des scheidenden Kanzlers fortsetzen, betonte aber die Bedeutung der amerikanisch-sowjetischen Gespräche über die Begrenzung nuklearstrategischer Waffensysteme. Er wusste, dass die Bundesrepublik ein wichtiger, aber am Ende doch nicht entscheidender Staat war. Großmachtphantasien, eingebildete Vorbildfunktionen der Deutschen in politischen oder gar moralischen Fragen waren ihm fremd.

Er hatte die Interessen des Landes, das er vertrat, im Visier. Selbst beim »weltweiten Entspannungsprozess« dürfe die Bundesrepublik »die Chance nicht versäumen, unsere eigenen Interessen damit zu verbinden und sie in diesem Zusammenhang zu verfolgen«. So habe das Viermächteabkommen »die Lebensfähigkeit Berlins auf eine sichere Basis gestellt«. Mit ihrer Vertragspolitik gegenüber der DDR habe die sozialliberale Koalition »der Politik den praktischen Weg eröffnet, in Deutschland zu einem geregelten Miteinander zu kommen«. Der Beitritt der Bundesrepublik zu den Vereinten Nationen bringe Verpflichtungen mit, »weil zahlreiche Glieder dieser Völkerfamilie auf Hilfe angewiesen« seien. »Man wird auf uns zählen können. Man wird uns allerdings auch nicht überfordern dürfen.« Basis war für ihn immer »ohne jede Illusion« die Funktionsfähigkeit des eigenen Landes. Im Vergleich mit anderen Ländern »stellen wir fest, dass wir einen wertvollen Besitzstand zu bewahren und auszubauen haben«.

Auch im Rahmen der Europäischen Gemeinschaft wie auch im eigenen Land könne »partnerschaftlicher Beistand« nur »verantwortet werden«, wenn das empfangende Land »durch seine entschlossenen Anstrengungen die Voraussetzungen dafür schafft, dass dieser Beistand überhaupt wirksam, effektiv« werden könne. Traumtänzerei mit irrationalen Versprechungen war seine Sache nicht.

In Anbetracht der Ölkrise setzte Schmidt auf alternative Energien: Erdgas, Kernenergie, Steinkohle, Braunkohle. Selbst der »heimische Steinkohlenbergbau«, so Schmidt, »erlangt in den jüngsten Perspektiven eine neue Bedeutung. Seine Stellung hat sich gefestigt.«

Das Mögliche war sein Programm, ein »idealerweise«, wie es sich wörtlich und inhaltlich durch die Regierungserklärung seines übernächsten sozialdemokratischen Nachfolgers Olaf Scholz ziehen sollte, wäre Schmidt nicht über die Lippen gekommen. »Keine Regierung kann Wunder vollbringen«, sagte er am Ende seiner Regierungserklärung. »Das Mögliche aber muss sie mit aller Kraft verwirklichen. Dazu machen wir heute einen neuen Ansatz, indem wir unsere Kräfte auf das heute Wesentliche, auf das heute Mögliche konzentrieren.« Dann zitierte er den früheren

Bundespräsidenten Theodor Heuss, der gesagt hatte: »Demokratie ist Herrschaft auf Frist.« In zweieinhalb Jahren werde sich das sozialliberale Bündnis der Entscheidung der Bürger stellen. »Bis dahin ist vieles zu tun.«

Die folgende Wahl gewann Helmut Schmidts SPD 1976, wenn auch mit dem für damalige Zeiten eher mageren Ergebnis von 42,6 Prozent. Er konnte die sozialliberale Koalition fortsetzen. Vier Jahre später mit einem Ergebnis von 42,9 Prozent ebenso. Doch dann geriet seine Politik ins Schussfeld der Linken innerhalb der SPD und der neu gegründeten Grünen. Nach zwei Jahren wechselten die Liberalen die Seiten, genervt von den parteiinternen Querelen der SPD.

Es folgen sechzehn Jahre Helmut Kohl. Seine angepeilte »geistig-moralische Wende«, weg von den »verlotterten Achtundsechzigern«, konnte den Zeitgeist nicht besiegen. Da half ihm auch der historische Erfolg der Wiedervereinigung nicht.

Und doch scheiterten SPD-Politiker als Kanzlerkandidaten einer nach dem anderen an dem großen Oggersheimer: Hans-Joachim Vogel, Johannes Rau, Oskar Lafontaine, Björn Engholm, der es nicht einmal bis zur Wahl schaffte, und schließlich Rudolf Scharping.

Erst Gerhard Schröder konnte das Kanzleramt erobern, gemeinsam mit den Grünen. Immerhin hatten, wie er in seiner Regierungserklärung am 10. November 1998 gleich zu Beginn konstatierte, »erstmals in der Geschichte der Bundesrepublik Wählerinnen und Wähler durch ihr unmittelbares Votum einen Regierungswechsel herbeigeführt«. Seine Regierungserklärung trug dem veränderten Zeit-

geist Rechnung: »Viele von uns waren in den Bürgerbewegungen der siebziger und achtziger Jahre engagiert ...
Diese Generation steht in der Tradition vom Bürgersinn
und Zivilcourage. Sie ist aufgewachsen im Aufbegehren
gegen autoritäre Strukturen und im Ausprobieren neuer
gesellschaftlicher Modelle.« Er setze auf eine Politik der
Eigenverantwortlichkeit der Menschen. Und dann trug er
ziemlich dick auf: »Die Hoffnungen, die auf uns ruhen,
sind fast übermächtig.«

Doch zunächst musste der selbst ernannte Hoffnungsträ-
ger mit der unangenehmen Wirklichkeit umgehen.

Als er sein rot-grünes Koalitionsprogramm vortrug, hatte Deutschland Jahre der Erstarrung unter Kohl hinter
sich. Unter ihm hatte sich zwar die DDR mit der Bundesrepublik vereinigt, doch die von ihm versprochenen
»blühenden Landschaften« im Osten waren kaum zu erkennen. Schröder galt für manche der »Frogs« (Friends of
Gerhard Schröder) als der deutsche Clinton, gar als der
deutsche Kennedy. Sein großes Thema war dagegen vergleichsweise banal, wenn auch von großer Bedeutung: die
Arbeitslosigkeit zurückzudrängen. Und dazu musste die
allzu große Bequemlichkeit des Sozialstaates angetastet
werden. In Schröders Worten: »Wenn wir die Leistungsbereitschaft der Deutschen fördern wollen, dann müssen
wir dafür sorgen, dass sich Leistung auszahlt.«

Er forderte, sich von »angestammten Besitzständen und
von überkommenen Vorstellungen« zu lösen und »die
Sozialleistungen auf die Bedürftigen zu konzentrieren«,
gleichzeitig auch »eine Flexibilisierung der Arbeitszeiten«.
Das soziale Netz müsse zu einem Trampolin werden.

»Von diesem Trampolin soll jeder, der vorübergehend der Unterstützung bedarf, rasch wieder in ein eigenverantwortliches Leben zurückfedern können.«

Das war ganz im Sinne seines Vorvorgängers Helmut Schmidt, der die Massenarbeitslosigkeit als das größte deutsche Problem betrachtete und sogar noch weiterführende Maßnahmen verlangt hatte als in Schröders Agenda 2010 schließlich umgesetzt wurden.

Deutschland brauchte diese Reformen. Kohl hatte sich nicht herangetraut, doch Schröder kosteten sie schließlich das Amt, weil sie einen Teil der SPD-Wählerschaft verprellten. Im Volksmund blieb davon vor allem »Hartz IV«. Doch seine Amtsnachfolgerin Angela Merkel konnte von Schröders Agenda profitieren – er hatte die unangenehmen Aufgaben für sie gelöst.

Auch im Bereich Zuwanderung wollte Schröder Akzente setzen. »Die Realität lehrt uns zum Beispiel, dass Deutschland in den vergangenen Jahrzehnten eine unumkehrbare Zuwanderung erfahren hat.« Deshalb wollte die neue Regierung ein »modernes Staatsangehörigkeitsrecht« entwickeln, die Erlangung der deutschen Staatsbürgerschaft erleichtern und auch Doppelstaatsbürgerschaft ermöglichen. Massenweise Einwanderung durch Migranten aus aller Welt war damals noch kein vorherrschendes Thema.

In der Koalition mit den Konkurrenten der SPD, den Grünen, musste Schröder Zugeständnisse machen – vor allem bei dem Thema, aufgrund dessen sich die Grünen überhaupt erst von einer Protestgruppe zur Partei entwickelt hatten.

»Atomkraft? Nein danke« – daran kam der Kanzler einer rot-grünen Koalition nicht vorbei.

»Die Nutzung der Kernenergie ist gesellschaftlich nicht akzeptiert«, erklärte Schröder in seiner Regierungserklärung. Und daraus schloss er: »Sie ist mithin auch volkswirtschaftlich nicht vernünftig. Das ist der Grund, warum wir sie geregelt auslaufen lassen werden.« Für die Bundesregierung stehe dabei nicht der Ausstieg im Mittelpunkt. Es ginge vielmehr um den »Einstieg in eine zukunftsfähige Energieversorgung«. Er setze dabei auf die Innovations- und Entwicklungspotenziale erneuerbarer Energien.

Schröder setzte die Markierungspunkte der Energiewende – ohne bei seinem neuen »Energiemix« auf Steinkohle und Braunkohle zu verzichten. Das blieb dann seinen Nachfolgern überlassen.

Auch das Zukunftsthema Nummer 1 schaffte es schon 1998 in Gerhard Schröders Regierungserklärung: »Gerade beim Klimaschutz dürfen die Verantwortlichen nicht auf Erkenntnisse über weitere Schädigungen unserer Umwelt warten; sie müssen aktive Vorsorge treffen. Wir werden das tun.«

Das Protokoll vermerkt: »Beifall bei den Regierungsparteien«. Ob Schröders sozialdemokratischer Amtsvorgänger Helmut Schmidt mit applaudierte, ist eher fraglich. Noch 2007 nannte er die Debatte um die globale Erwärmung »hysterisch überhitzt«. Einen klimatischen Wechsel gebe es schon immer; die Ursachen seien »einstweilen nicht ausreichend erforscht«.

Das sah Schröders Nachfolgerin Angela Merkel komplett anders. Als Pfarrerstochter und Naturwissenschaftlerin glaubte sie offenbar fest daran, dass der Klimawandel seit Beginn der Industrialisierung Mitte des 19. Jahrhunderts – anders als in den Jahrhunderten und Jahrtausenden zuvor – allein vom Menschen gemacht worden war. Andererseits bot die permanente Warnung vor der Klimakatastrophe auch reichlich Raum für demonstrative globale politische Rettungsprogramme vor dem drohenden Weltuntergang. Klimaschutz wurde so zum Thema der Jahrtausendwende. Der Teufel CO_2 musste ausgetrieben werden – durch die Verabschiedung von fossilen Brennstoffen. Wind und Sonne sollten nun die durch den Ausstieg aus der gefährlichen Atomenergie und das geplante Ende der Kohleverstromung gerissene Lücke schließen.

Im Wahlkampf 2021 wurde das Klima zum beherrschenden Thema fast aller Parteien. Kein Wunder, dass es auch zur Grundmelodie im Koalitionsvertrag der Ampelkoalition und der Regierungserklärung von Olaf Scholz wurde. 198-mal taucht das Wort »Klima« im Koalitionsvertrag auf. Das Wort »Deutschland« hingegen nur 144-mal. Das war bisheriger Rekord. Im Koalitionsvertrag von Union und SPD 2018 war das Wort »Klima« nur 74-mal zu finden, »Deutschland« schaffte es noch auf 230 Erwähnungen.

So wurde die von den Grünen ständig geforderte Klima-Regierung zumindest verbal schon einmal geschaffen. Die Regierungserklärung des SPD-Kanzlers klang in weiten Teilen dann auch wie die eines Grünen-Kanzlers. Ohne den Dritten im Bunde, die FDP, wäre das vermutlich noch krasser ausgefallen.

Anklingend an Willy Brandts »Wir wollen mehr Demokratie wagen« lautete schon die Überschrift des Koalitionsvertrages der Ampel: »Mehr Fortschritt wagen«.

Rhetorisch versucht Olaf Scholz wie Brandt daherzukommen. Er beginnt seine Regierungserklärung mit: »Bei der Bundestagswahl am 26. September hat sich die Mehrheit der Bürgerinnen und Bürger unseres Landes für Aufbruch und Fortschritt entschieden.« Doch schon wenige Sätze später holt ihn die Realität der Coronakrise ein: »Niemandem geht es richtig gut in diesen Zeiten, mir nicht, Ihnen nicht.« Immerhin verbindet er das mit einem, wie er selbst sagt, »ehrgeizigen Zwischenziel«: »Ich möchte, dass wir alle zusammen in Deutschland 30 Millionen Impfdosen bis Jahresende in die Oberarme kriegen.«

Das war tatsächlich ein ehrgeiziges Zwischenziel, wurde aber sogleich konterkariert durch die tagesaktuellen Nachrichten: Schon wieder mangelte es an Impfstoff, weil zu wenig bestellt worden war. Impfzentren wurden geschlossen. Lange Schlangen an Impfstationen standen in gewissem Widerspruch zur aufkommenden Debatte über eine Impfpflicht.

Es war keine politische oder gesellschaftliche Wende, die der neue Bundeskanzler ankündigte. Immerhin hatte er Jahre als Finanzminister und Vizekanzler unter Angela Merkel gewirkt. So wie Angela Merkel nach Schröders Machtverlust mit dessen sozialdemokratischen Ministern und Ministerinnen weiterregiert hatte, als sei nichts gewesen, übte sich auch Scholz in demonstrativer Kontinuität. Das Konzept wurde nur noch einen Schlag grüner als die ohnehin schon reichlich grün angehauchte Regierungspolitik Angela Merkels.

So wie Willy Brandts Ostpolitik, Helmut Schmidts wirtschaftliche und politische Stabilitätspolitik und Schröders Bekämpfung der Arbeitslosigkeit und eines überbordenden Sozialstaates stellte sich Olaf Scholz – bevor er sich dem Regierungsmotto »Aufbruch und Fortschritt« widmen konnte – einem realen Problem: der Corona-Pandemie.

Die neue Bundesregierung habe den »Staffelstab« in außerordentlich bedrückenden Wochen übernommen, im Dezember mit seinen »dunkelsten und kürzesten Tagen des Jahres«. Und dann noch »viel zu hohe Infektionsraten, erschöpfte Ärztinnen und Krankenpfleger, dramatische Verlegungen von Intensivpatienten per Flugzeug und Hubschrauber«. Schlangen vor Impfzentren und die Sorge vor der neuesten Variante des Virus.

Tatsächlich hat es in der Geschichte der Bundesrepublik keinen Machtwechsel unter schwierigeren Bedingungen gegeben. Scholz machte weiter, wo Angela Merkel aufgehört hatte. Ihr »Impfen! Impfen! Impfen!« war nicht überall erhört worden. Also sollte der Druck für die Ungeimpften erhöht werden: »Wir werden alles tun, was notwendig ist. Es gibt da für die Bundesregierung keine roten Linien.«

Nicht lange nach seiner Amtsübernahme stellte sich jedoch heraus, dass die roten Linien ganz anders verliefen, als sich Experten und Politiker das vorgestellt hatten. Die Impfungen waren längst nicht so wirkungsvoll, wie man noch vor einem Jahr angenommen hatte. Der Schutz vor Ansteckung löste sich nach wenigen Monaten auf, da half nur boostern, was das Zeug hielt. Und in Anbetracht einer neuen Virusvariante namens Omikron stellte sich sogar

heraus, dass viele der Infizierten zuvor brav ihre zwei-
oder sogar dreifachen Impfungen absolviert hatten.

In der Regierungserklärung klang es noch so, als seien
allein die Impfverweigerer schuld am Infektionsdebakel:
»Wir werden es uns nicht gefallen lassen, dass eine winzige
Minderheit von enthemmten Extremisten versucht, unse-
rer gesamten Gesellschaft ihren Willen aufzuzwingen.«
Diese Regierung sei »eine Regierung der Bürgerinnen und
Bürger, die sich an die Regeln« hielten.

Doch das Virus mutierte schneller, als die Politiker umdenken konnten. Mit dem Auftauchen der Omikron-Variante
schnellten die Infektionszahlen in die Höhe, die Zahl der
schwer Erkrankten, die auf Intensivstationen verlegt werden mussten blieb aber vergleichsweise niedrig. Auch die
Zahl der »an oder mit Corona« Verstorbenen blieb hinter
den Befürchtungen zurück. Die Zustimmung zu einem
Gesetz über eine generelle Impfpflicht wurde also zunächst den einzelnen Abgeordneten freigestellt und dann
mit immer neuen Begründungen erst einmal verschoben.
Ob eine Impfpflicht mit all ihren Tücken der richtige Weg
ist, dürfte sich ohnehin erst im Verlauf der Ampel-Regie-
rungszeit herausstellen – zumal die Impfstoffe nach einem
Jahr Masseneinsatz bei weitem nicht gehalten haben, was
man sich erhofft hatte. Ein Corona-TÜV alle drei Monate
dürfte sich nur schwer durchsetzen lassen, vor allem wenn
die neuen Mutationen tatsächlich ihren Schrecken verlieren sollten. Pragmatisch wie Olaf Scholz immer war,
dürfte er sein Handeln den Realitäten anpassen, ganz egal
was in der Regierungserklärung steht.

Nach dem Corona-Einstieg wandte Scholz sich der Zukunft zu. Und schon war er beim Thema der Zeit: »Wir sind eine Regierung des technischen Fortschritts, weil wir nur mit technischem Fortschritt klimaneutral werden können.« Die menschengemachte Erderwärmung müsse gestoppt werden. Nach 250 Jahren Wohlstand, der auf dem Verbrennen von Kohle, Öl und Gas gründete, lägen jetzt »vor uns etwa 23 Jahre, in denen wir aus den fossilen Brennstoffen aussteigen müssen und aussteigen werden«. Veränderung falle schwer, Aufbruch sei nicht einfach: »Es ist ja immer verlockend, bislang Erfolgreiches einfach weiterzumachen.« Kaiser Wilhelm II., so Scholz, werde das Zitat zugeschrieben: »Ich glaube an das Pferd. Das Automobil ist eine vorübergehende Erscheinung.«

Tatsächlich gibt es keinen Beleg, wann und wo Wilhelm II. das wirklich geäußert hätte. Belegt ist nur, dass er am 10. Januar 1900 in Berlin gesagt hatte: »Die Socialdemokratie betrachte ich als eine vorübergehende Erscheinung. Die wird sich austoben.« Womit er aber natürlich genauso danebenlag. Als moderner Politiker hätte er wohl besser sagen müssen, dem Auto gehört die Zukunft – und von den Pferden sollte man sich am besten schon mal zügig verabschieden.

Dann wendet sich Scholz dem wichtigsten Motto aus seinem Wahlkampf zu: Respekt – vor allem für die, die hart arbeiten, und trotzdem wenig verdienen. Ebenso für »Mitbürgerinnen und Mitbürger mit nichtdeutschen Wurzeln«. Erst danach kommt er auf die Zukunftsinvestitionen zurück, vor allem auf privatwirtschaftliche, und nennt »milliardenschwere Investitionen in neue Wohnungen, Schienenwege, Ladesäulen, Offshore-Windparks, PV-Anlagen, Stromnetze und vieles, vieles mehr. Es geht darum, die Fundamente für ein neues technologisches Zeitalter zu legen – von der Wasserstoffpipeline über die dezentrale Stromversorgung bis hin zur Elektroladesäule.«

Das klingt pragmatisch. Was davon in welchen Zeiträumen realisiert werden kann, dürfte an der Messlatte des Flughafens Berlin-Brandenburg abzulesen sein. Alle Projekte eint ein großes Ziel: »Treibhausgase quer durch alle Sektoren zu verringern«.

Auch die Lösung aller Probleme liegt auf der Hand: »Wir müssen die Produktion von erneuerbarem Strom bis 2030 mehr als verdoppeln.«

Dazu werde die Regierung ein »umfassendes Paket zur Planungs- und Genehmigungsbeschleunigung« vorlegen. Ziel sei es, die Dauer der Verfahren zu halbieren, dafür würden Regelungen getroffen, »die das Verhältnis von Klima- und Artenschutz klären«.

Wie das etwa beim Bau der angestrebten Verdoppelung von Windkraftanlagen in der Wirklichkeit aussehen würde, konkretisierte Olaf Scholz nicht. Da waren die mit dem grünen Koalitionspartner eng verbundenen NGOs schon weiter. So erklärte die Vogelschutz-Expertin beim Naturschutzbund Deutschland (Nabu) Ute Eggers in einem Interview mit der *Welt* am 21. Dezember 2021, es gäbe verschiedene Maßnahmen, eine Art zu schützen und trotzdem Windräder zu bauen: »Wenn der Konflikt nicht entschärft werden kann, kann der Projektierer eine Ausnahme beantragen, Tiere besonders geschützter Arten töten zu dürfen.«

Der Ausbau der erneuerbaren Energien wird einiges an

Opfern fordern, sei es im Tierreich oder weil Windparks und Stromleitungen näher an Wohngebiete heranrücken werden. So konkret wollte Scholz in seiner Regierungserklärung aber offenbar nicht werden. Er blieb eher allgemein. Es sollen schon im kommenden Jahr »Hürden und Hemmnisse« beseitigt werden, »und es sollen zwei Prozent der Fläche in Deutschland für die Windkraft reserviert werden«.

Ein Ziel, das bei inzwischen etwa 30 000 Windrädern in Deutschland im Grunde bereits erreicht ist – wenn man die heute bei neuen Windparks übliche Zahl von vier Windrädern pro Quadratkilometer Fläche als Basis nimmt, was vor allem für einen ehemaligen Finanzminister relativ leicht auszurechnen sein dürfte.

Offenbar war der Hang zum Träumen, der die Grünen seit jeher charakterisiert, spätestens bei den Koalitionsverhandlungen geradezu viral auf den SPD-Kandidaten für das mächtigste Staatsamt übergesprungen.

Echt deutsch eben, wie Heinrich Heine in »Deutschland. Ein Wintermärchen« schrieb:

> *Franzosen und Russen gehört das Land,*
> *Das Meer gehört den Briten,*
> *Wir aber besitzen im Luftreich des Traums*
> *Die Herrschaft unbestritten.*

1844, vor 168 Jahren, schrieb Heinrich Heine das in seinem satirischen Versepos. Er kannte seine Deutschen. Und die drei Nachbarn, die er damals benannte, sind noch immer diejenigen, mit denen sich die Bundesregierung heute herumplagen muss; nach zwei von Deutschland begonnenen und verlorenen Kriegen. Jetzt sind die einen, die Franzosen, der engste Partner in der EU, die Briten haben die EU verlassen, und die Russen wollen über eine neue Pipeline noch mehr Gas liefern, was wiederum die engsten Verbündeten, die USA, nicht gern sehen.

Konflikte gibt es auch in der Ukraine, mit Belarus, und dem zur Weltmacht strebenden China. Und in der Ampel-Koalition eine gescheiterte Kanzlerkandidatin als Außenministerin. Eine komplizierte Lage, die unter Kontrolle zu halten auch für einen nervenstarken Kanzler nicht leicht sein dürfte. Politik, Wirtschaft, Energie, Finanzen – ein Bündel Probleme, das die neuen Koalitionspartner durchaus nicht alle gleich betrachten. Die Franzosen bekommen ihren Strom vorwiegend aus Kernkraftwerken, von denen sich die Deutschen gerade verabschieden, während sie davon träumen, auch ohne Atomstrom, Steinkohle, Braunkohle und am besten auch ohne russisches Erdgas auszukommen. Da dürfte es für einen SPD-Kanzler einiges an Problemen zu lösen geben, vor allem weil sein zweitgrößter Koalitionspartner, die Grünen, ihre Existenz der Anti-Atomkraft-Bewegung zu verdanken haben.

Und damit nicht genug. Wenige Wochen nach der Regierungserklärung, in der alles verbal in Balance gehalten wurde, stellte sich heraus, dass vor allem die Franzosen daran interessiert sind, Energie aus Erdgas und Atomkraft in der EU als klimafreundlich und damit förderungswürdig einzustufen. Hierzulande sind die Grünen strikt dagegen, die SPD dagegen und die FDP nicht dafür. Aber die Mehrheit in der EU ist auf der Seite Frankreichs.

Auch in Sachen Gas-Pipeline Nord Stream 2 legte sich die neue Außenministerin Annalena Baerbock schnell fest: auf keinen Fall. Da machte der neue Kanzler ebenso schnell deutlich, dass die Außenpolitik doch wohl eher Chefsache sei. Das Verhältnis zu Russland, Migration, Zurückweisung oder Abschiebung von illegalen Migranten – und alles im Konsens mit den EU-Partnern – dürfte Olaf Scholz in Zukunft einiges zu tun geben. Und ebenso einiges an Konflikten mit dem grünen Partner heraufbeschwören. Da wird er manchmal froh sein, die FDP mit im schaukelnden Boot zu haben.

In der Regierungserklärung klingt das alles jedoch noch schön einvernehmlich, zusammengehalten durch den Glauben an den Fortschritt.

»Die Bundesregierung, die jetzt unter meiner Führung die Arbeit aufnimmt«, werde eine »Fortschrittsregierung« sein, sagte Scholz bei seiner Antrittsrede. Und weil »Gerechtigkeit und Lebenschancen für alle« eben nicht an den Grenzen haltmachen dürfen, werde es auch eine »vernunftgeleitete Migrationspolitik« geben, die »legale Migration befördert und irreguläre Migration reduziert«. Dazu gehöre »aber auch die konsequente Rückführung, besonders im Fall vom Straftätern und Gefährdern«.

Wie das vonstattengehen soll, blieb offen, genauso wie die Frage, ob und wenn ja wie die neue Bundesregierung illegale Migration nach Europa mit dem Zielland Deutschland reduzieren will. Auf keinen Fall dürften die zentralen Errungenschaften Europas, »wie offene Grenzen zwischen den Mitgliedsstaaten«, infrage gestellt werden. Über den Schutz der europäischen Außengrenzen hieß es nur: »Grenzen müssen unantastbar bleiben, und der zynische Missbrauch von Geflüchteten für hybride Attacken auf unsere östlichen Nachbarn muss aufhören.«

Wir müssen, wir können. Das Wunschdenken regiert. Etwas mehr Emotion hätte sich mancher bei diesen Themen durchaus gewünscht, auch wenn man das bei Olaf Scholz nicht unbedingt erwarten konnte. Aber das weitestgehend nüchterne Betrachten der Probleme scheint ein Kennzeichen aller bisherigen SPD-Kanzler zu sein – und das gilt auch für Willy Brandt, bei dem die Emotion eher in der Stimme als in den Worten lag. Scholz' Gegnern wird es leichtfallen, seine Rede als eine Sammlung von Floskeln abzutun: es ist die Rede von einem Aufbruch, der gelingen soll, entscheidenden Weichenstellungen, dem Kurs in die Zukunft, keine Zeit zu verlieren, gemeinsam angehen, solidarisch verhalten, Respekt, Gerechtigkeit, Lebenschancen, eben mehr Fortschritt wagen …

Es wird schon werden. Das Prinzip Hoffnung war schon immer die gemeinsame Grundlage aller Regierungserklärungen, nicht nur der SPD-Kanzler. Von Kohls »blühenden Landschaften« bis zu Merkels »Wir schaffen das!« ist die Ausstrahlung von Optimismus die wichtigste Aufgabe der Regierungschefs – und manchmal hilft es auch, ein wenig Angst zu machen: vor »den Sowjets« wie Adenauer, vor »China, China, China« wie Kiesinger oder eben vor der globalen Klima-Apokalypse.

Doch zum Glück gibt es ja gelegentlich eine neue Regierung, die verkünden kann: »Wir alle gemeinsam haben nicht den geringsten Grund, uns vor der Zukunft zu fürchten – ganz im Gegenteil.« Großes wird getan werden – »idealerweise«, wie es bei Scholz heißt. So ist jede Regierungserklärung auch eine Art Neujahrsansprache – mit guten Wünschen für die Zukunft, dem Versprechen, das Land aus der Stagnation herauszuführen, die großen Aufgaben anzupacken und sie idealerweise auch zu lösen. Zum Glück wissen ja auch die Regierenden nicht im Voraus, welches politische oder biologische Virus hinter der nächsten Ecke lauert.

Willy Brandt
Links und frei
Mein Weg 1930 – 1950
Biographie
496 Seiten, gebunden
ISBN 978-3-455-01245-3
Hoffmann und Campe Verlag

»Handeln ist wichtiger als Karriere.«

Willy Brandt erzählt aus seinen frühen Jahren: von seiner Jugend
in Lübeck, die mit dem Zusammenbruch der ersten deutschen
Demokratie und ihr Ende fand; von den Jahren in Oslo, Paris,
Berlin und Barcelona, vom Kriegsausbruch und vom skandina-
vischen Exil. Ein mitreißender Bericht darüber, wie Grundüber-
zeugungen entstanden, die das Leben eines großen Staatsman-
nes prägten.

»Ein eindrucksvolles Dokument deutscher Zeitgeschichte.«
Deutschlandfunk

»*Links und frei* ist ein Klassiker,
ein Meisterwerk der Memoirenliteratur.«
Lübecker Nachrichten

Olaf Scholz
Hoffnungsland
Eine neue deutsche Wirklichkeit
224 Seiten, gebunden
ISBN 978-3-455-00113-6
Auch als Taschenbuch erhältlich:
ISBN 978-3-455-01142-5
Hoffmann und Campe Verlag

Die Vision des Bundeskanzlers für unser Land:
»Wir haben allen Grund zur Zuversicht.«

Deutschland ist für viele Menschen zu einem Hoffnungsland geworden. Der Bundeskanzler Olaf Scholz entwirft eine ebenso differenzierte wie optimistische Vision unseres Landes. Er führt aus, wo Europas Chancen liegen, und gibt Antworten auf die Frage, wie sich in Zeiten der Globalisierung eine gerechte Zukunft gestalten lässt.

»Ganz im Sinne des Titels *Hoffnungsland* sind
Olaf Scholz' politische Ideen umsetzbare und vor allem
positiv besetzte Lösungsvorschläge.«
Deutschlandfunk

»Olaf Scholz, das zeigt sein erstes Buch,
will Europa aus der Krise führen.«
Die Zeit

Reiner Lehberger
Helmut Schmidt am Klavier
Ein Leben mit Musik
Mit vielen bislang unveröffentlichten
Fotos und Dokumenten
344 Seiten, gebunden
ISBN 978-3-455-01225-5
Hoffmann und Campe Verlag

»Ohne Musik wäre mein Leben wahrscheinlich
ganz anders verlaufen.«
Helmut Schmidt

Er war Politiker, Publizist, Ehemann. Doch die längste Zeit
seines Lebens war Helmut Schmidt Klavierspieler. Seine Beziehung zur Musik durchlief unterschiedliche Phasen, aber immer
war es Liebe. Ob im Spiel für sich selbst, für Freunde oder auf
der Bühne – dieses Buch zeigt den Kanzler jenseits von Pragmatismus, Klartext und Ironie.

»Reiner Lehberger erzählt schnörkellos, sehr lebendig und
nah an der Biographie von Helmut Schmidt.«
SWR2 Klassik

»Helmut Schmidt am Klavier ist keine musikwissenschaftliche
Untersuchung, sondern eine ganz besondere Biografie.
Reiner Lehberger hat bislang unbekannte Quellen
gefunden und aufbereitet.«
Hamburg Magazin